荆楚文庫

〔同治〕宣恩縣志

〔清〕張金瀾 修
〔清〕蔡景星 張金圻 纂

荆楚文庫編纂出版委員會
湖北人民出版社

荊楚文庫

〔同治〕宣恩縣志

TONGZHI XUANEN XIANZHI

圖書在版編目（CIP）數據

〔同治〕宣恩縣志 /〔清〕張金瀾修；〔清〕蔡景星，張金圻纂．
武漢：湖北人民出版社，2021.3
ISBN 978-7-216-09547-1

Ⅰ．同…
Ⅱ．①張…②蔡…③張…
Ⅲ．宣恩縣－地方志－清代
Ⅳ．K296.34

中國版本圖書館 CIP 數據核字（2021）第 048278 號

責任編輯：陳　典　鄭如琴
整體設計：范漢成　曾顯惠　思　蒙
美術編輯：董　昀
責任校對：范承勇
責任印製：王鐵兵
出版發行：湖北人民出版社（中國・武漢）
地址：武漢市雄楚大道 268 號
電話：(027)87679656　郵政編碼：430070
録排：武漢偉創偉業廣告有限公司
印刷：湖北新華印務有限公司
開本：787mm×1092mm　1/16
印張：35.75
字数：493 千字
版次：2021 年 3 月第 1 版　2021 年 3 月第 1 次印刷
定價：162.00 元

ISBN 978-7-216-09547-1

《荆楚文庫》工作委員會

主　　任：王瑞連

副 主 任：王艷玲　許正中　梁偉年　肖菊華　尹漢寧　郭生練

成　　員：韓　進　陳　亮　盧　軍　陳樹林　龍正才　雷文潔　趙凌雲　謝紅星　陳義國

辦公室

主　　任：陳樹林

副 主 任：張良成　陳　明　李開壽　周百義

《荆楚文庫》編纂出版委員會

顧　　問：羅清泉

主　　任：王瑞連

副 主 任：王艷玲　許正中　梁偉年　肖菊華　尹漢寧　郭生練

總 編 輯：章開沅　馮天瑜

副總編輯：熊召政　陳樹林

編委（以姓氏筆畫爲序）：朱　英　邱久欽　何曉明　周百義　周國林　周積明　宗福邦　郭齊勇　陳　偉　陳　鋒　張良成　張建民　陽海清　彭南生　湯旭巖　趙德馨　劉玉堂

《荆楚文庫》編輯部

主　　任：周百義

副 主 任：周鳳榮　周國林　胡　磊

成　　員：李爾鋼　鄒華清　蔡夏初　王建懷　鄒典佐　梁瑩雪　黄曉燕　朱金波

美術總監：王開元

《荆楚文庫·方志編》編纂組

組　　長：賀定安　陽海清（執行）

副 組 長：劉傑民（執行）　王　濤　謝春枝　范志毅（執行）

參編人員（以姓氏筆畫爲序）：

王　濤　李云超　宋澤宇　范志毅　馬盛南　陳建勛　梅　琳

張文静　張雅俐　陽海清　彭余焕　彭筱溦　賀定安　楊　萍

楊愛華　雷　静　劉傑民　潘　玲　謝春枝

編　　審：周　榮

顧　　問：沈乃文　李國慶　吴　格

出版説明

湖北乃九省通衢，北學南學交會融通之地，文明昌盛，歷代文獻豐厚。守望傳統，編纂荆楚文獻，湖北淵源有自。清同治年間設立官書局，以整理鄉邦文獻爲旨趣。光緒年間張之洞督鄂後，以崇文書局推進典籍集成，湖北鄉賢身體力行之，編纂《湖北文徵》，集元明清三代湖北先哲遺作，收兩千七百餘作者文八千餘篇，洋洋六百萬言。盧氏兄弟輯録湖北先賢之作而成《湖北先正遺書》。至當代，武漢多所大學、圖書館在鄉邦典籍整理方面亦多所用力。爲傳承和弘揚優秀傳統文化，湖北省委、省政府決定編纂大型歷史文獻叢書《荆楚文庫》。

《荆楚文庫》以『搶救、保護、整理、出版』湖北文獻爲宗旨，分三編集藏。

甲、文獻編。收録歷代鄂籍人士著述，長期寓居湖北人士著述，省外人士探究湖北著述。包括傳世文獻、出土文獻和民間文獻。

乙、方志編。收録歷代省志、府縣志等。

丙、研究編。收録今人研究評述荆楚人物、史地、風物的學術著作和工具書及圖册。

文獻編、方志編録籍以一九四九年爲下限。

研究編簡體横排，文獻編繁體横排，方志編影印或點校出版。

《荆楚文庫》編纂出版委員會

二〇一五年十一月

前言

《〔同治〕宣恩縣志》二十卷首一卷，清張金瀾修，清蔡景星、張金圻纂，清同治二年（一八六三）刻本。内封鎸：『同治二年仲秋鎸　宣恩縣志　板藏龍洞書院。』

張金瀾，浙江平湖人，監生，同治元年（一八六二）任宣恩知縣。蔡景星，湖北蘄州（今蘄春）人，舉人，官訓導。張金圻，金瀾從弟。

據是志沿革篇載：宣恩『古爲廩君國，周屬夔子國，春秋爲巴國界，戰國屬巫郡地』。自秦漢以來，宣恩先後爲郡爲州爲縣，建置不一，分隸不常；元至清初爲土司分治，先後設東鄉、施南、高羅、木册、忠建諸土司。清雍正十三年（一七三五）改土歸流，屬施南府。清乾隆元年（一七三六）置宣恩縣，縣名含『傳布恩德』之意。

清以前，宣恩縣地統屬不一，故無專志。清乾隆四十四年（一七七九），邑令賈思謨創修县志，惜未刊行。清嘉慶間，前邑令蘇於洛亦曾修縣志，惜『其稿久逸，不得遵循』。同治壬戌四月，張金瀾奉檄宰宣邑，索觀舊志，僅殘存數頁，所紀皆略而不詳，叹曰：『志者，志其風土山川，嘉言懿行而不使湮没不彰云爾。』乃籌資而纂修，延蔡景星及從弟張金圻助之，參賈公志稿并得道光十五年（一八三五）《施南府志》全册以資考證，延屬邑之紳耆搜羅采訪，於同治二年夏彙成篇帙，遂付棗梨。

志分十門：疆域志、建置志、典禮志、風土志、食貨志、武備志、官師志、選舉志、人物志、藝文志，約六萬九千字。卷首有張金瀾序、蔡景星序、蕭中琪賈志稿舊序，可知修志始末。另收凡例十七則、同纂姓氏、目録及輿圖九幅。

據凡例：方志首重沿革，是志沿革一門，自元以前，凡郡志與賈志有异者，今并存之；境内山川，郡志所載僅有十之三，略而不詳，是志詳考方向遠近，遍查各里而分載之，眉目清楚，便於稽核；人物中之鄉賢、忠孝，『不得濫舉』，凡現存者，『概不列傳，由舊章也』；藝文一門，因地處偏僻，『昔賢遺典，半歸零落』，可傳者少，又缘改流未久，名賢著作更屬寥寥，故循郡志例，凡詩文載入郡志者，概行采録，對近人之作，『無關本境風土，雖工不録；關本境風土，不工不録』。因可參照的文獻不多，采訪有限，是志難免草創、疏漏之處。如凡例所言：『賈稿一本半載詩句，且與本境無關……列卷二十僅屬綱目粗備』；『志中間有闕文，限於無所考證』。

據《中國地方志聯合目録》，是志大陸多地有藏。一九七〇年臺北成文出版社影印本彙入《中國方志叢書》，二〇〇一年江蘇古籍出版社影印本彙入《中國地方志集成·湖北府縣志輯》。此次影印所據底本爲湖北省館藏本，該藏本字跡工整、版面清晰，整體書品較好，僅少許頁碼有缺損、塗改，用該館另一藏本替換。（彭余焕）

目録

同治二年仲秋鐫

宣恩縣志

板藏龍洞書院

序

古者輶軒觀風採諸名公卿之紀載及里巷之謠傳勒為成書以驗今之志書髣髴類此而其間微有異者蓋十五國之風美刺雜出而志體則有美而無刺於其可美者筆之其

序

可刺者削之無所用者也近代人文
寖興無論通都大郡其爲志也詳且
備即山城巖邑莫不有志志者志其
風土山川嘉言懿行而不使湮没不
彰云爾余於壬戌四月奉檄宰宣邑
任之日禮書以邑志呈閱其全書僅

三頁紀六土司沿革原委此外附載
山川不及十之一且畧而不詳余甚
異焉夷考宣之地上古為廩君國春
秋時屬巴子國又屬夔子國自秦漢
以來建置不一分隸亦不常或曰夜
郎即其地也或曰否宋以下為六土

司所分據夫當六土司之時桀驁不
馴弱肉强食其無文可考無獻可徵
亦固其所我
朝家天下子元元清四海服百蠻初任
舊制而負固者心漸回狡强者跡胥
斂已不復昔年之獷悍矣其後

聖聖相承重熙累洽無遠弗屆格及有苗
觀於東鄉忠建施南三司之以罪改
流忠峝高羅木册三司之自請歸流
悉見
聖天子威德兼施上軼中天遠超前代猗
歟休哉何治之隆歟溯自乾隆元年

設邑至今涵濡
至化百有餘歲其士講禮樂而習詩書其
民知廉恥而守法度家絃戶誦日進
醇良而猶使風土山川嘉言懿行湮
沒而不彰益增余憾矣顧時方籌貲
實興倥傯少暇有志未逮遲迴久之

越七月從弟金圻自滬來此余喜纂修之有助也廼諜諸學博蔡君蔡君善屬文懇其同蕆厥事搜得施南府志全册以資考證癸亥六月邑諸生石廉携前任賈公志稿一本其大概如口郡志所載蓋賈稿創於乾隆四十

四年郡志成於道光十五年固已選
入無遺也惟藝文所未載者今並錄
之夫為志難為志於宣邑則尤難採
訪資之紳士而選擇未盡周詳稽覈
責諸吏胥而棄卷半遺回祿雖藉貫
志為粉本語而不詳之譏固所不免

葢有無可如何者也夫余非好爲志也不惟慮風土山川嘉言懿行湮沒而不彰而尤恐我

國家如天好生之量歲捐帑金以拯此一方戓食毛踐土者未盡深體

皇恩共爲𩿨𩿨之民此則余之所悒悒者

也而為志其次焉耳蓋宣揚
德意守土之責也故以此為風俗之書可
以此為勸忠之書亦無不可至於詮
今考古搜擇無遺非倉卒間事余署
理踰年行將去任急欲告成付剞劂
氏原非敢自信為完書修飾而潤澤

之更有望於後之秉筆者是爲序
同治二年歲在昭陽大淵獻庚申月
知宣恩縣事平湖張金瀾撰

序

志者志其所可傳以傳之於後也各省各府及各州縣類皆有志而宣恩則尚未有志也雖然宣之未有志也有故其在六土司時分據其地負固稱雄人情鷙風俗澆文學不明節義

罔識循是人民無師儒之訓迪循是山水無仕宦之留題追我
朝乾隆元二年後設官建學改弦而更張之董勸而優柔之固有去其舊染咸與維新之機焉乾隆四十四年邑令賈公曾有修志之議未果其遺稿

猶有存者想其時去改土歸流未久
志之未成意若猶有待焉邇來涵濡
聖德菴百數十年於茲矣篤者多馴澆者
近厚文學漸彰節義漸著雖地處偏
隅非若通都大邑有名儒碩彥之可
書名山大川之可紀然而十步之内

必有芳草十室之邑必有忠信夷考
其地在周爲夔子國春秋爲巴子國
秦爲黔中郡漢爲南郡其後爲施州
爲珍州先代封土歷歷可數焉况乎
某山某水猶有遷客騷人之遺跡民
風物產與夫嘉言懿行不無約畧可

傳是惡可以不志同治壬戌浙之張
君來宰是邑張君諳練深沉長於吏
事越一年政通人和廢着多舉其弟
蘭修以省兄來宣皆浙之秀也一日
與予籌及修志之事予曰此美意也
此盛舉也予雖不敏竊願參末議焉

廼屬宣之紳耆搜羅而採訪之癸亥夏張子蘭修不辭勞瘁者累月始蕆其事相與彙成篇帙遂付棗梨益宣志之大略如此此固初創云爾以俟人物臻盛之日或重修而登紀之以增邑乘之光也尤幸矣是為序

同治二年歲在癸亥夏六月宣恩訓
導蘄陽蔡景星撰

賈志稿舊序

蕭中琪

志何以稿名公若曰吾第爲之草創云爾若夫討論修飾潤色則姑有待焉甚矣公之謙也試取全志觀之攈古證今其討之典而則也論之辨而覈也略所當略則有取於修詳所當

詳則有取於飾而且質有其文不嘗
扣金石而成韻製美錦以成章也其
爲潤色之功不既多乎哉乃公猶以
稿自居也甚矣公之謙也雖然自有
宣邑以來未始有是志也自有斯志
以後將志不一志也任數十百年官

是邑有討者論者修者飾者潤且色者無不範圍於斯志之中而不必更謀其草創之事則即以為宣志之稿也亦宜

序

二

凡例

一六土司傳授爲茲地沿革大端備錄以後分據桀驁前代假之名位聊事羈縻外十二土司不備載以清界限追其改流之原悉見
國朝威德兼施而苗疆向化也沿革原委悉如郡志所載

一宣自設邑以來分里七甲二十五施南等里以司名惟石虎向無土司相傳其地有石似虎因以名焉查闔邑土寬而

瘠山多而深其境内之墉汎集場等備詳而圖内間有未載處限於尺幅故耳

一境内山川載諸郡志者十之三畧而不詳今各里分載並詳方向遠近較清眉目以便後人跟尋

一境内古蹟甚稀惟李溪等九處而已歷險尋幽並無殘碑可認不敢稍為附會致譏穿鑿

一郡志載宣邑萬山環繞一郡胸腹宣境

圄多勝境爰擇其尤者列為八景

一郡志附列名宦者宣邑官師中僅四人均未經呈請崇祀今載入邑乘名宦傳仍以附字别之此外尚有其人不敢率為品目以昭慎重至實有政蹟載在口碑者概列小傳附後

一人物中鄉賢忠孝二門不得濫舉外品誼中所汉稍寬葢善善從長之義凡其人現存概不列傳由舊章也

一節婦核其年例相符不論存歿及已未
旌表概書至貞烈婦女訪實皆得
備載凡已入傳其婦之子若孫女之父
及兄弟或係貢衿亦得附入傳中以彰
善報

一所辦賓興及書院膏火捐貲隨置義田
並將坐落某處某田若干坵若干額胥
一律載明以垂久遠俾後之司事者有
所考核

一通志藝文但錄典籍不及詩文郡志雜
収之葢因地處偏僻昔賢遺典半歸零
落況宣邑改流未遠吏屬寥寥乎今循
郡志例其詩文之載入郡志者概錄至
近人之作無關本境風土雖工不錄有
關本境風土不工不錄
一是邑科甲惟武舉二人此外未有入選
者然豪傑之士無文猶興矧際我
朝作育如是其備至乎山川靈秀鬱而

必發願邑士子共勉旃

一是地沿革自元以前郡志與賈志稿不同今並存之

一賈稿一本半載詩句且與本境無關不備錄其時創始維艱山川人物等志無怪從畧目下因其所難列卷二十僅屬綱目粗備補苴罅漏有望來者

一是邑向無昭忠節孝等祠本擬一概創建業已勸捐賓興膏火深恐民力不支

而幽光潛德又不可久於湮没今建昭
忠節孝祠於賓興館東西兩楹以省土
木之工
一忠嵩同知員缺移建武穴暨東鄉司巢
壩汎均裁其舊署可不載典司署乾壩
司署雖經坍燬而所載如前
一前令蘇公曾修邑志其稿久逸不得遵
循為恨
一志中間有闕文限於無所考證闕者諒

宣恩縣志（卷之首 凡例 四

之

同纂姓氏

監纂

同知銜知宣恩縣事平湖張金瀾

協纂

大挑教諭實授宣恩縣學訓導蔡景星

纂修

平湖張金圻

同纂

貢生張光嶽

貢生姚復旦

分校

附生石廉　附生覃敬五

貢生朱定鰲　附生藍芳

貢生謝金詔　附生李焱

目錄　　知宣恩縣事平湖張金瀾監纂

食貨志祭祀　蠲免　廉俸　工役　普濟

卷之十三

武備志營制　俸薪　餉額

卷之十四

武備志兵事　控制

卷之十五

官師志文職　武職

卷之十六

官師志名宦

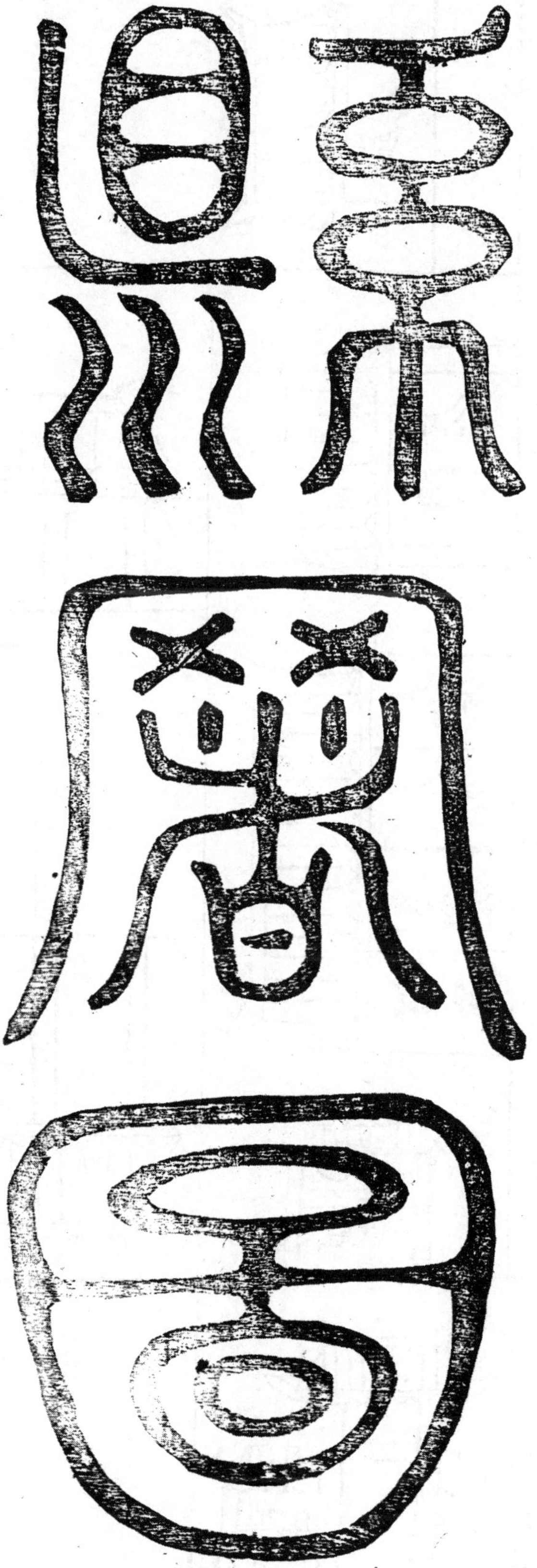

圖

一

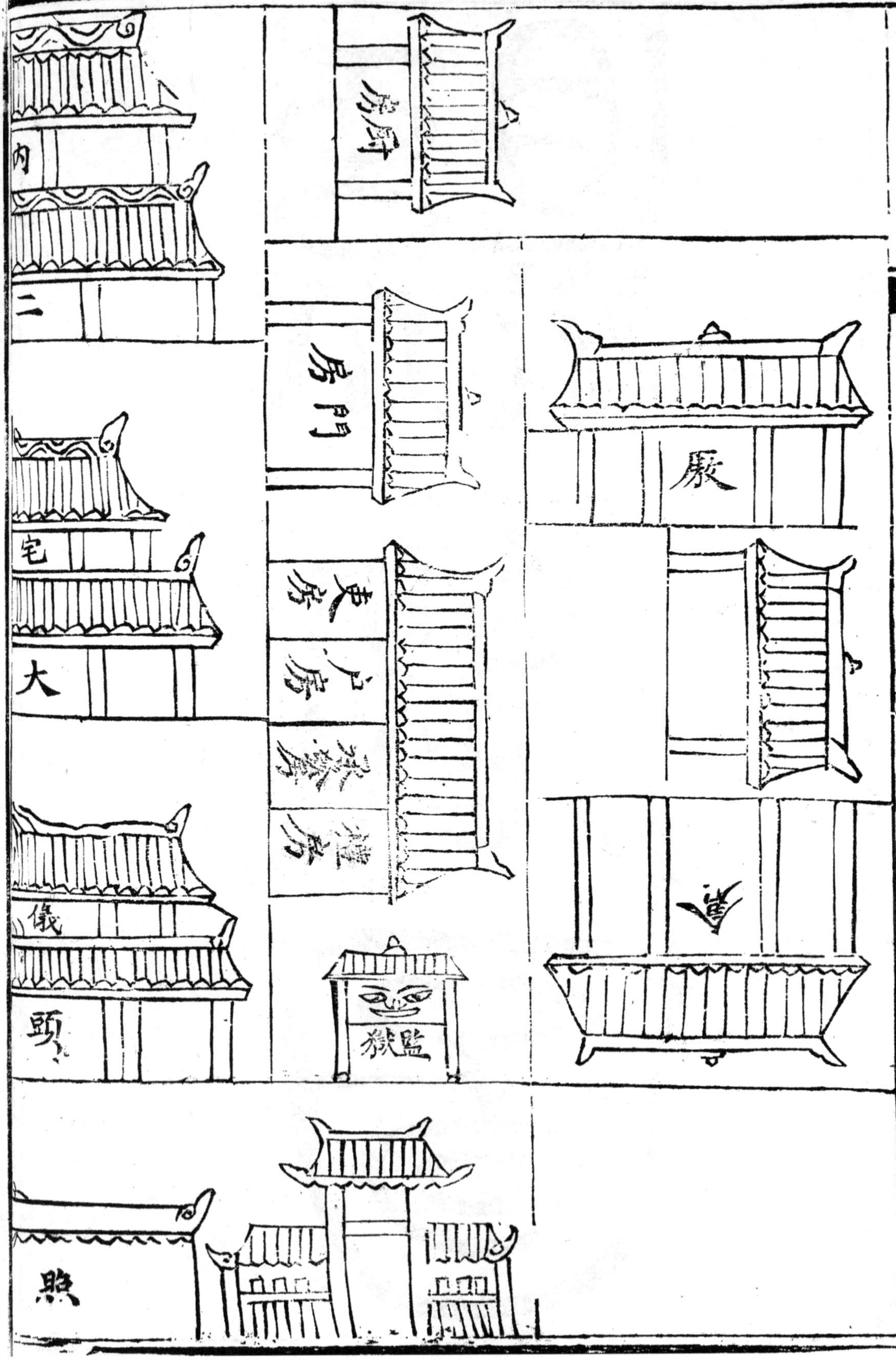
內
二
宅
大
儀
頭
照
廚房
房門
吏房
户房
承發
禮房
廄
倉
監獄

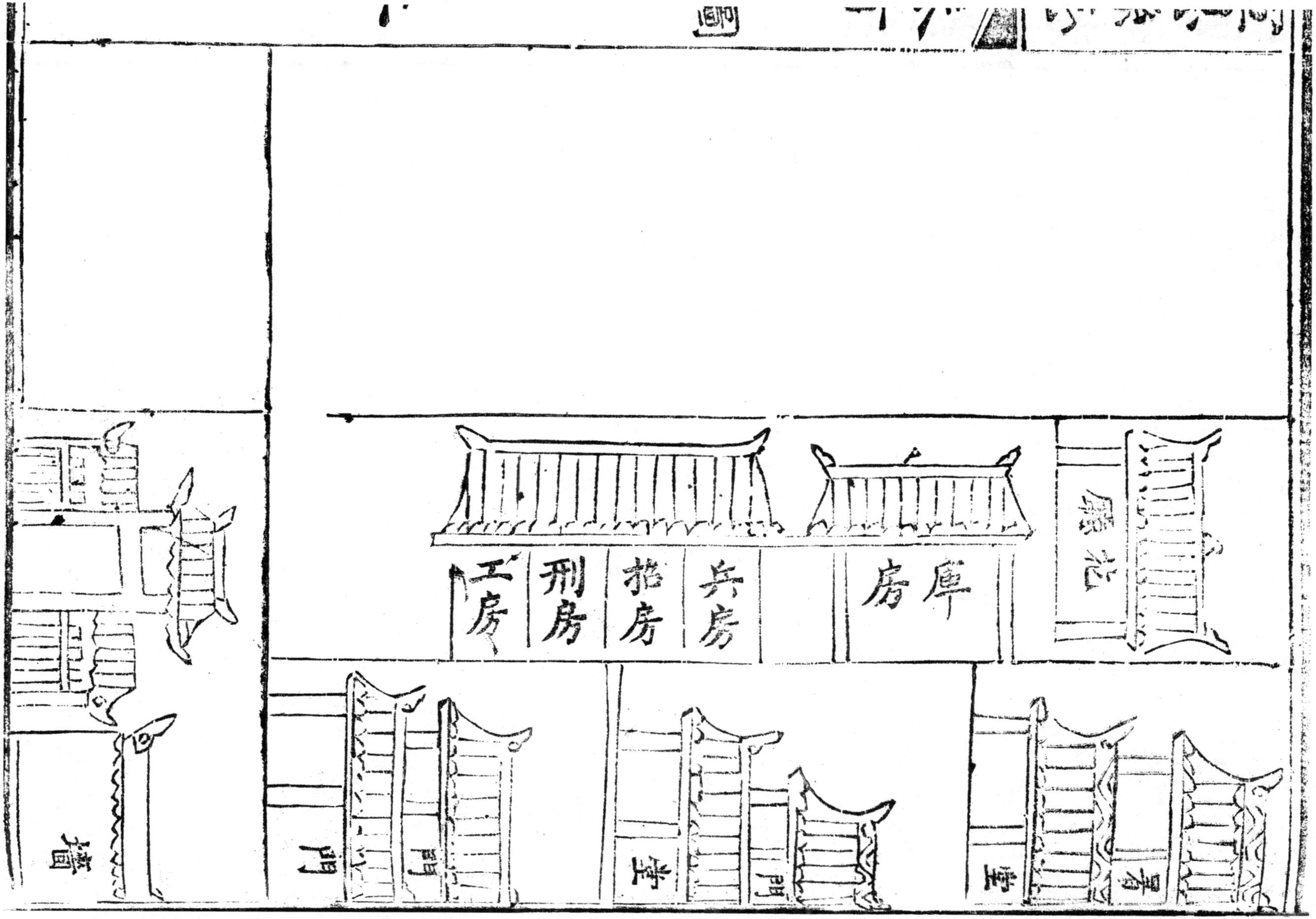
圖
工房
刑房
招房
兵房
庫房
墻
門
門
堂
門
堂
胥

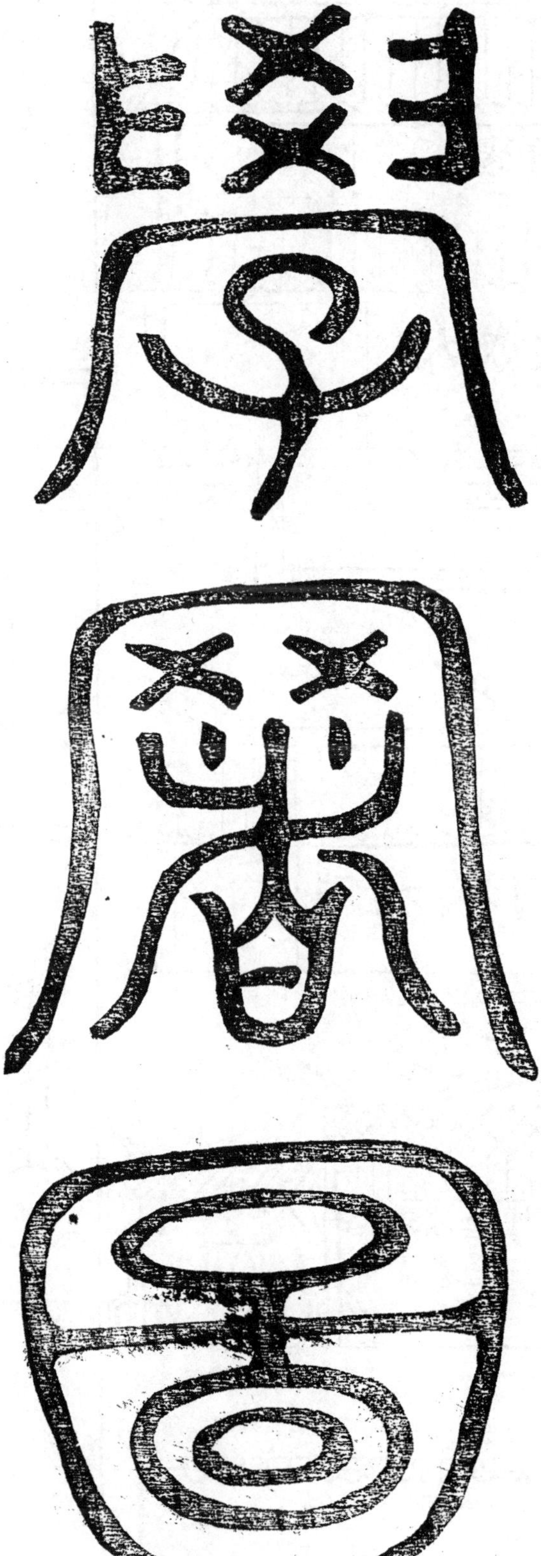

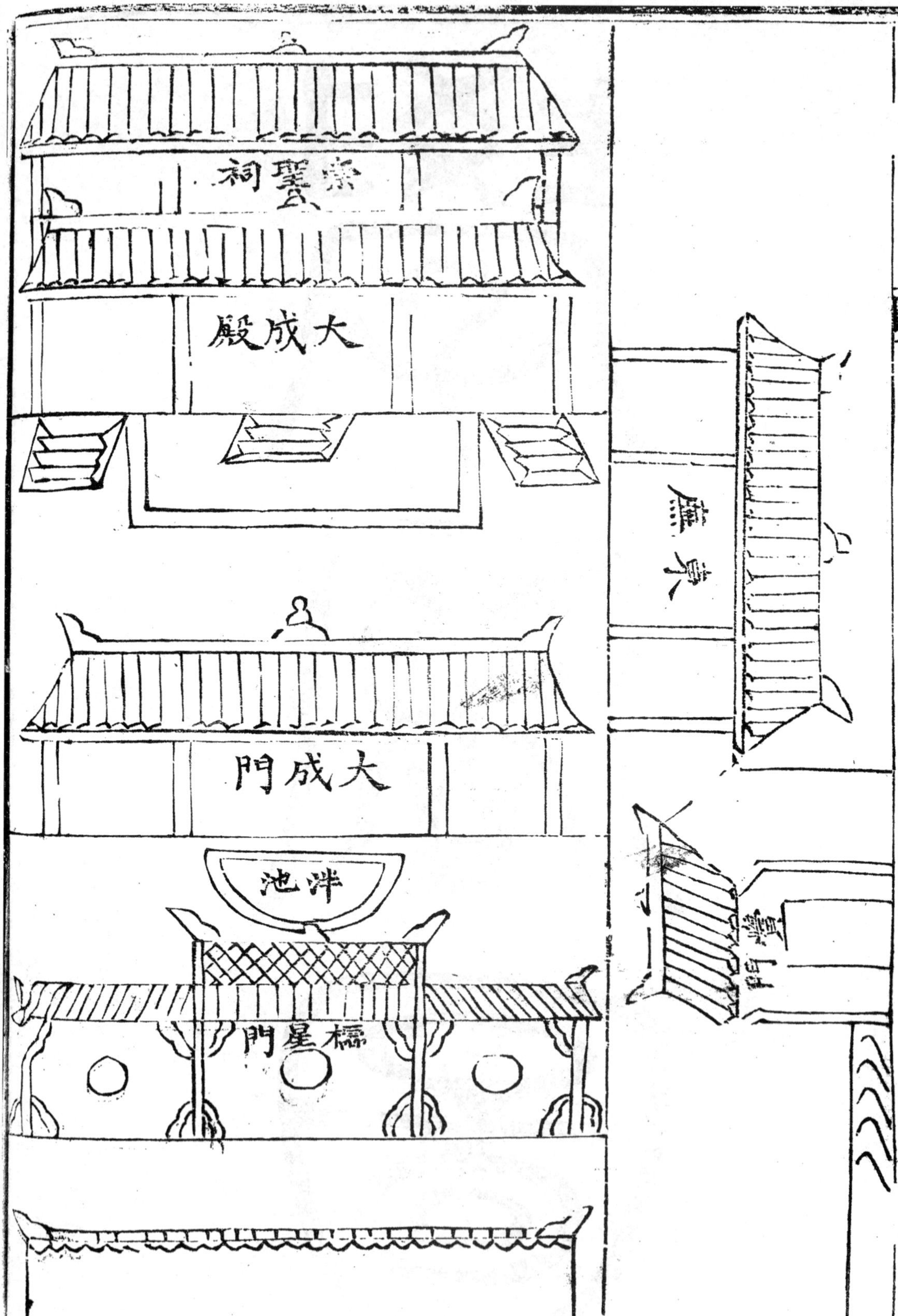

宣恩縣志　卷首　三

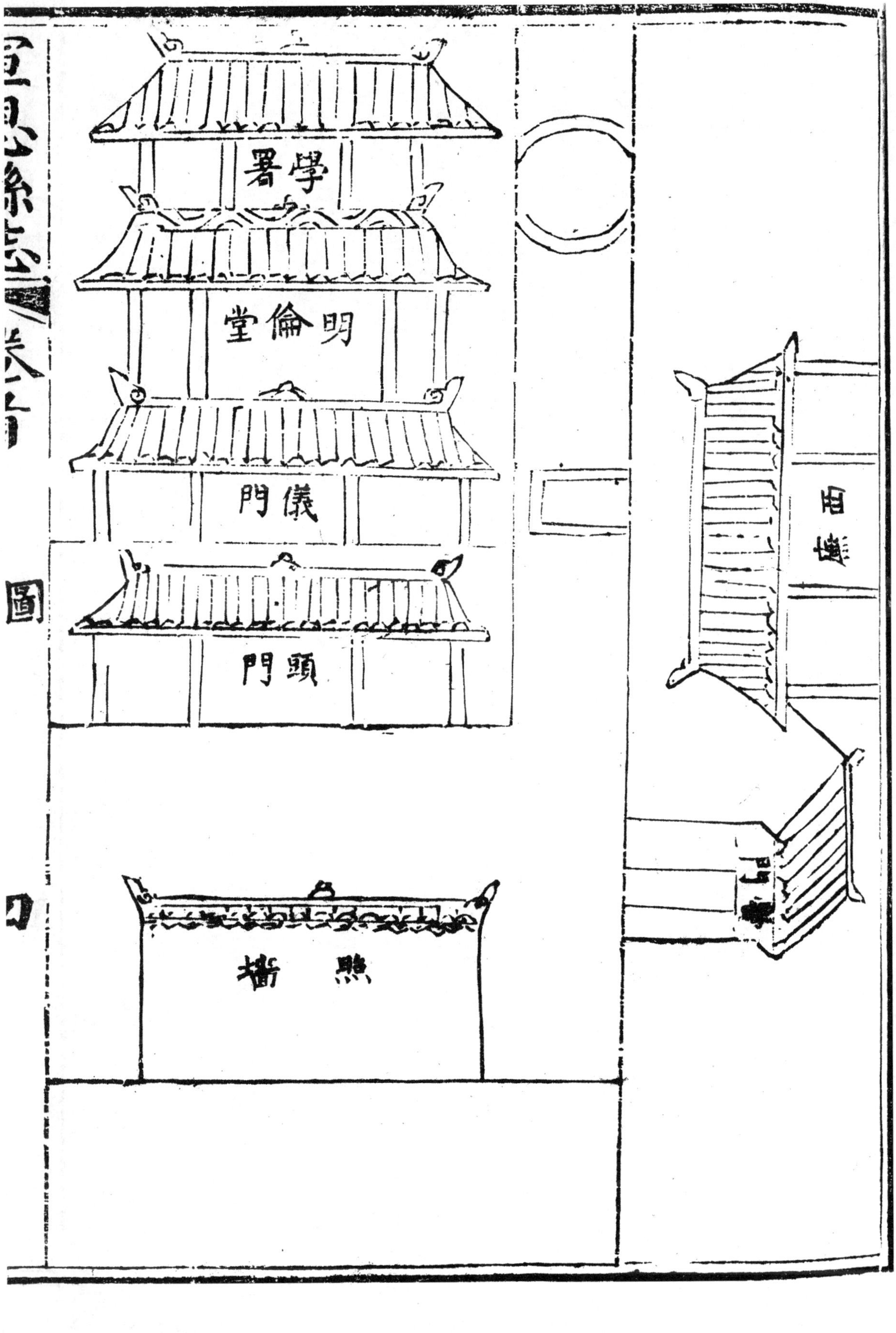
圖
學署
明倫堂
儀門
頭門
照墻
西廡

宣恩縣志　卷首

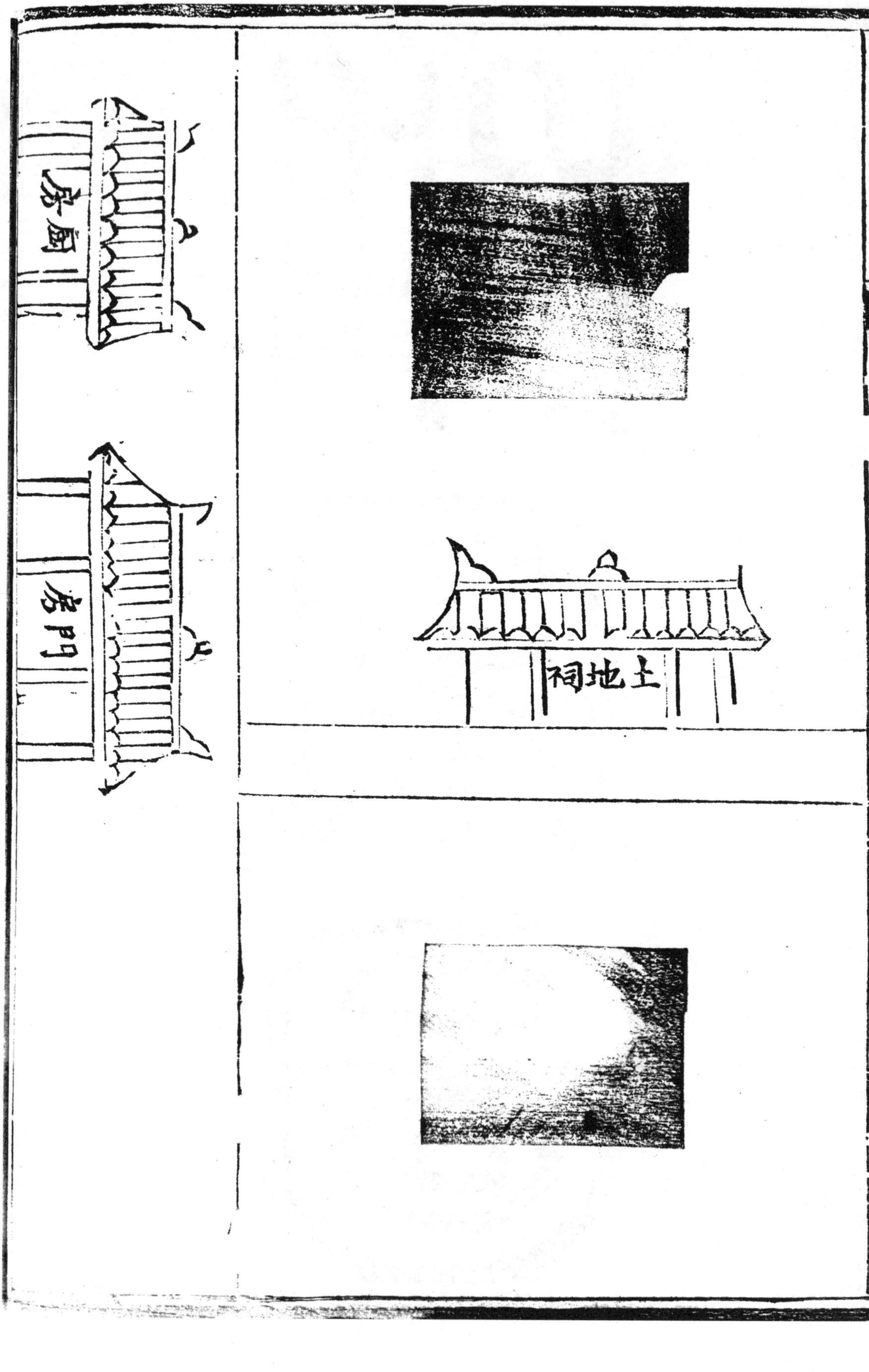

王

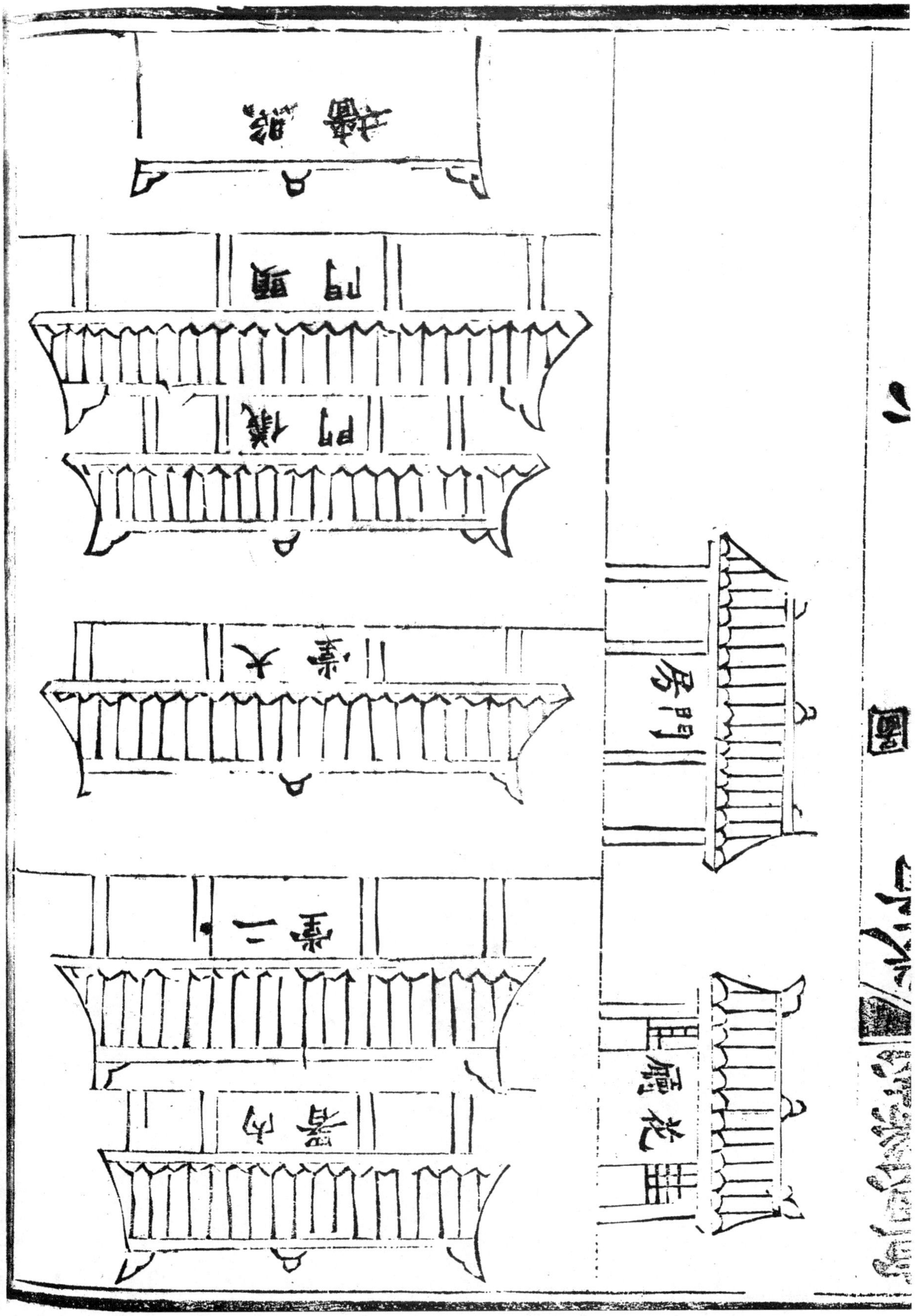
圖
門房
花廳
照牆
頭門
儀門
大堂
二堂
內署

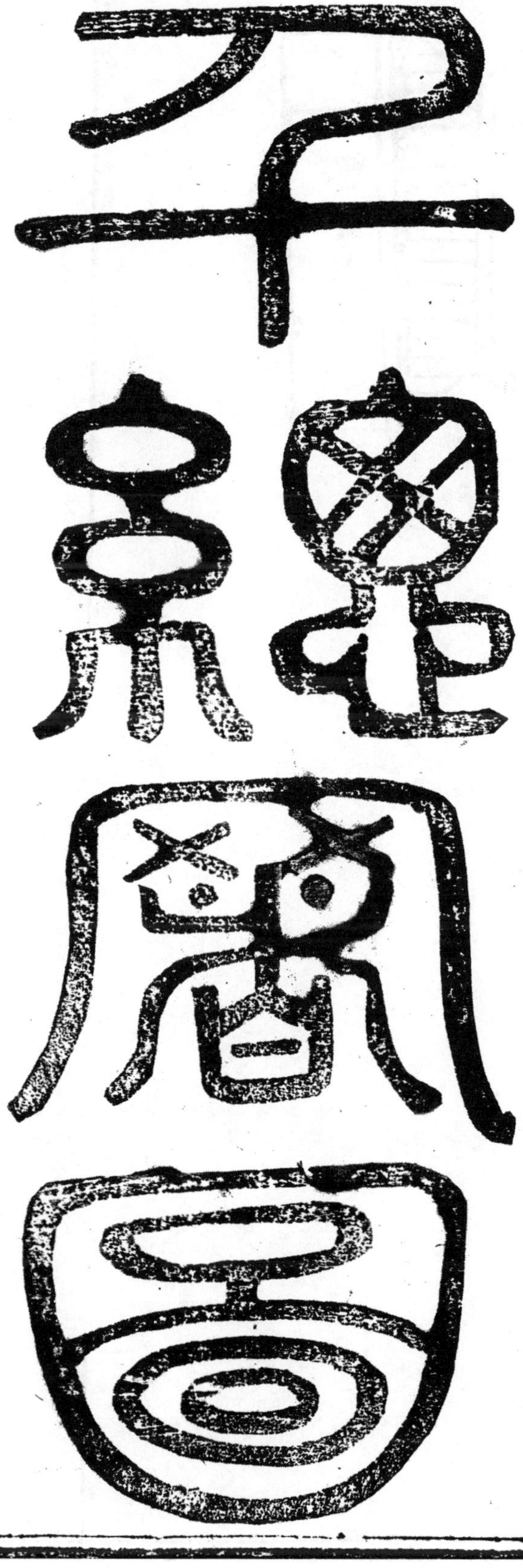

宣恩縣志 卷首 下

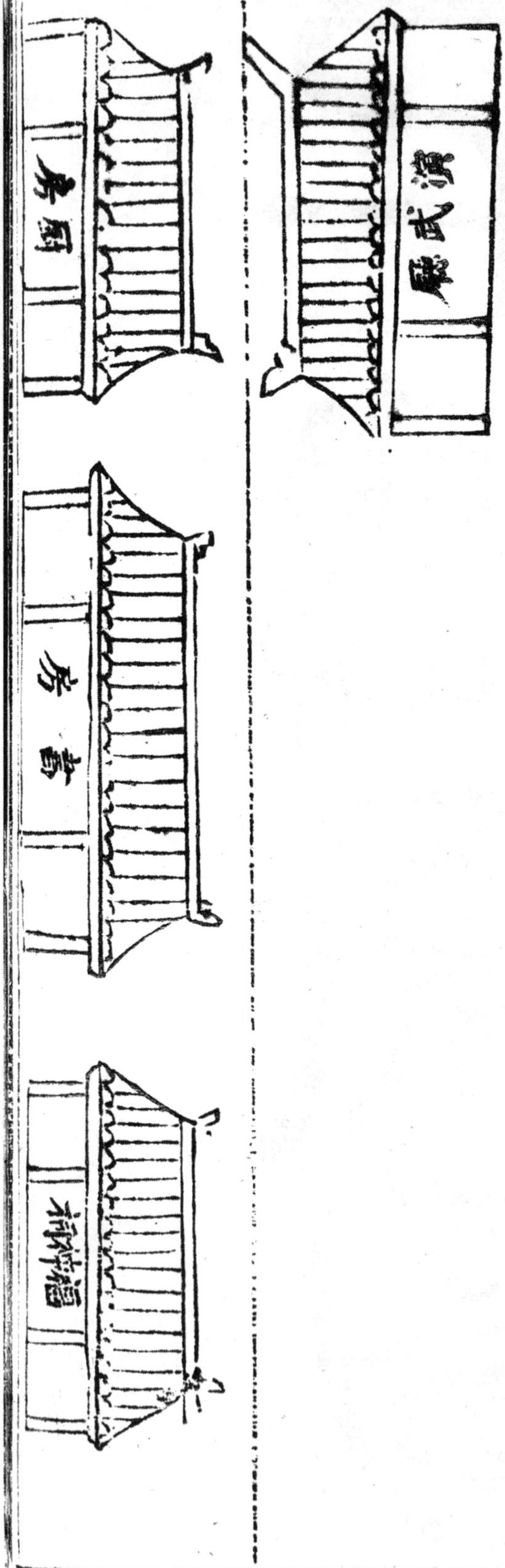

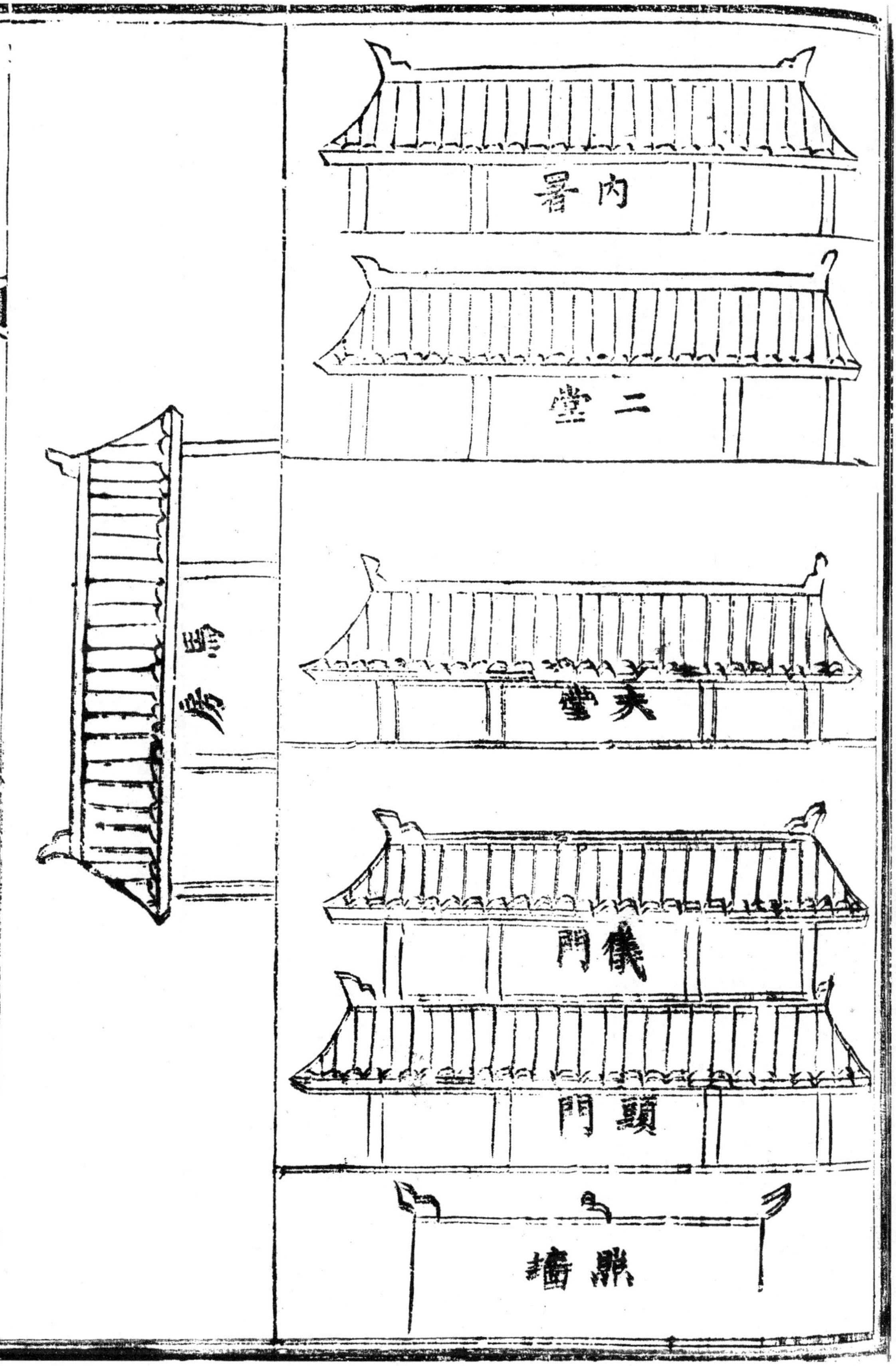
內署
二堂
大堂
儀門
頭門
照牆

宣恩縣志 卷首 八

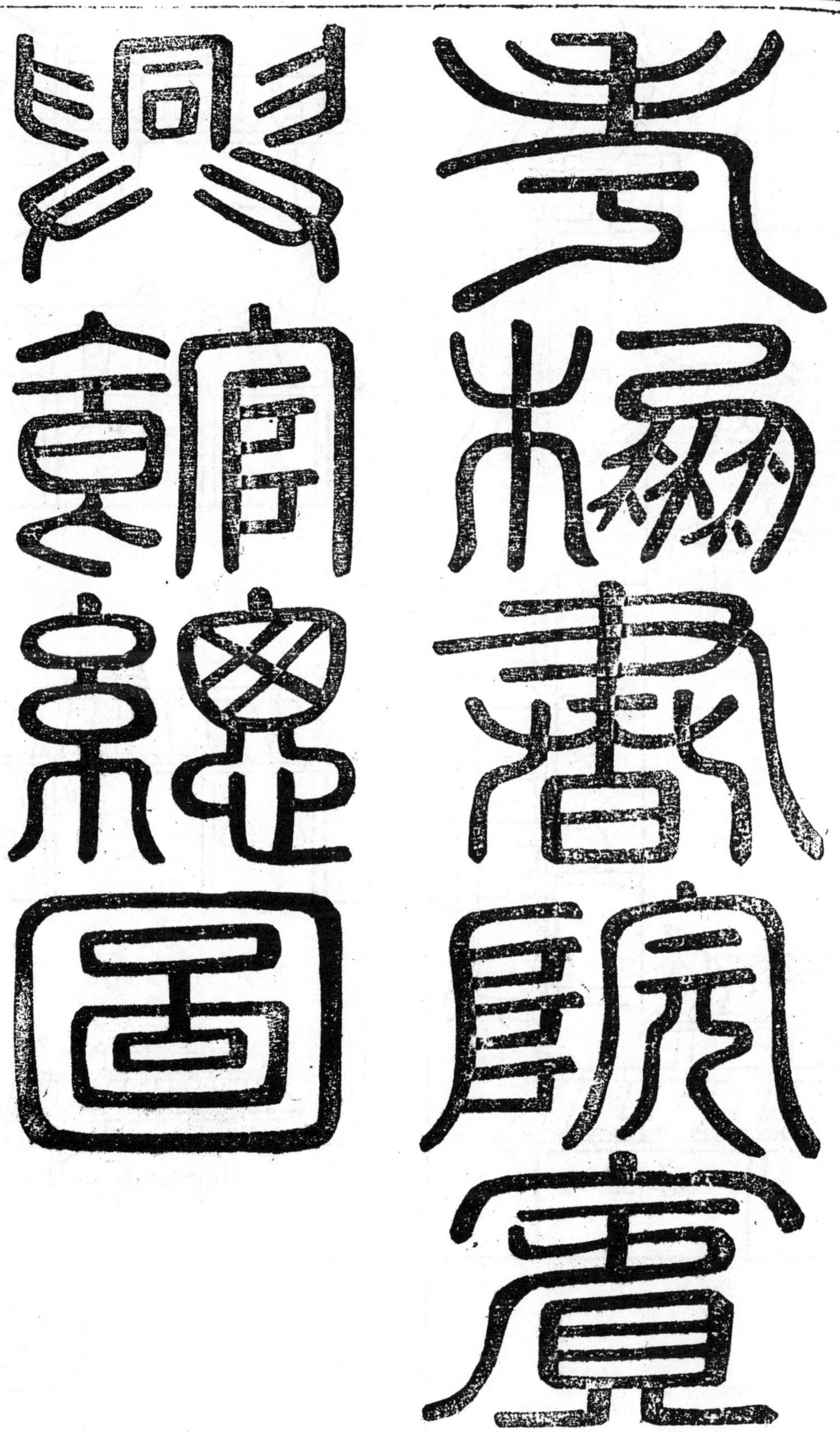

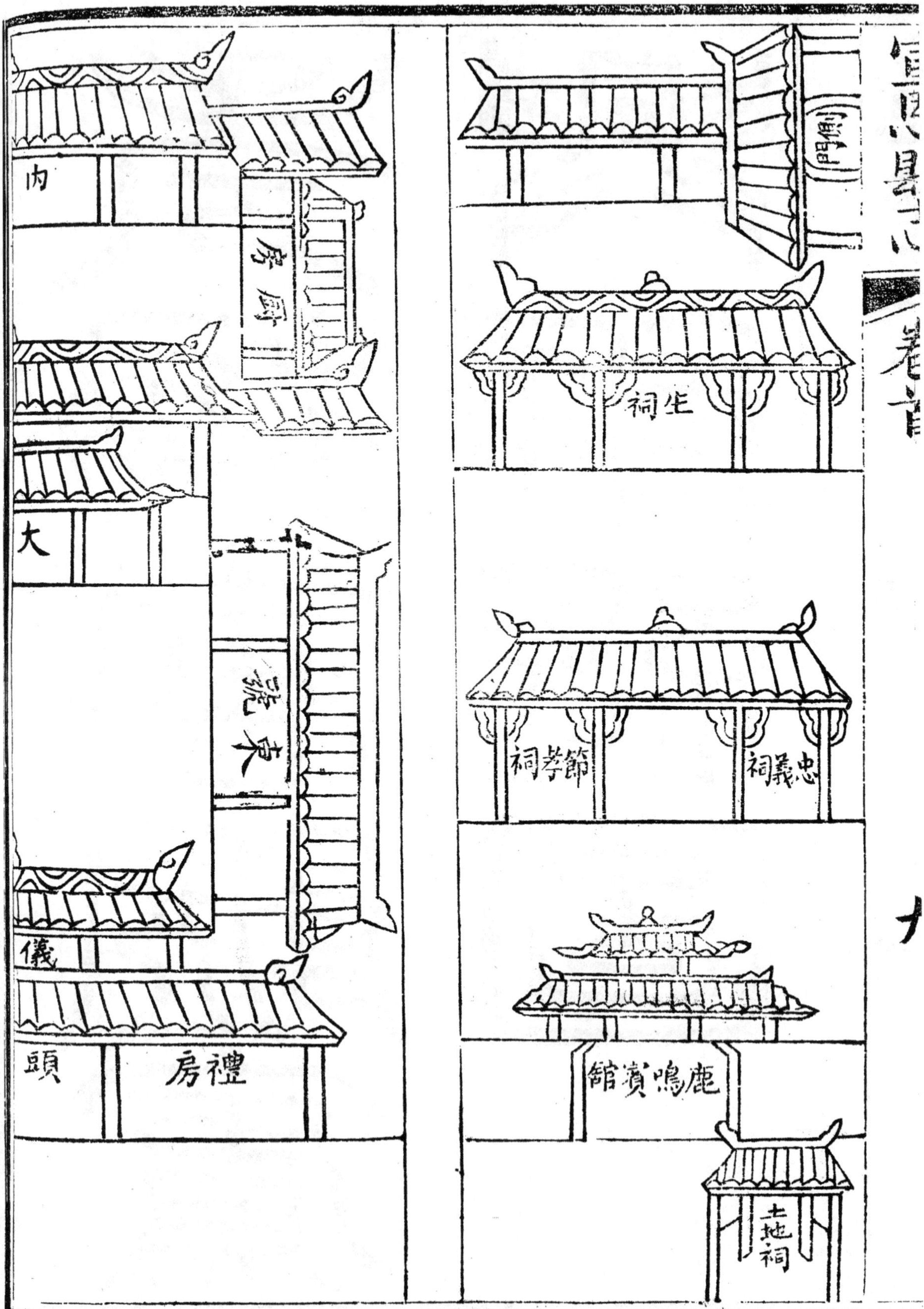
生祠
忠義祠
節孝祠
鹿鳴賓館
土地祠
內
廚房
大
東號
儀
頭
禮房

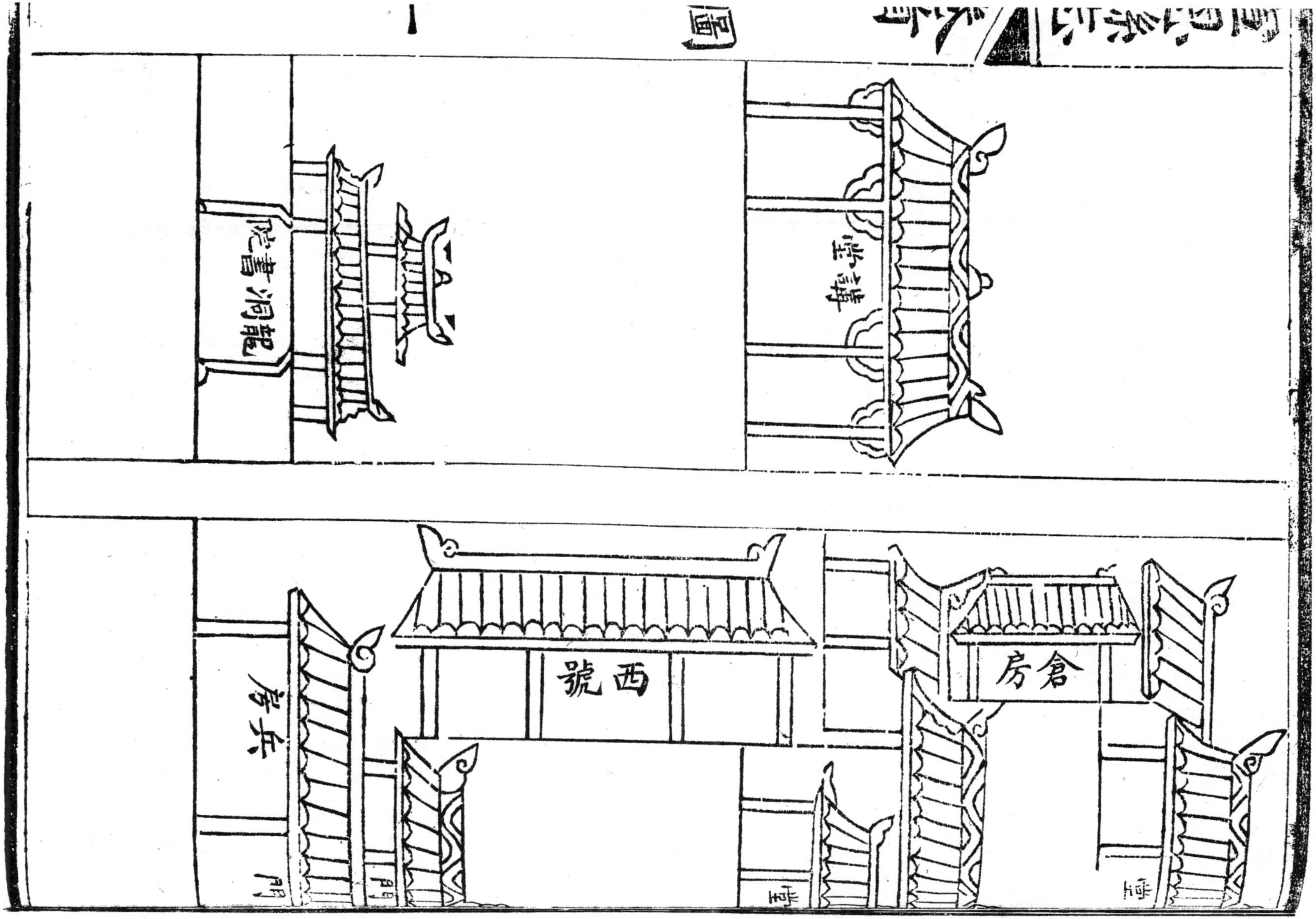
圖
龍洞書院
講堂
西號
倉房
兵房
門
門
堂
堂

街坊圖

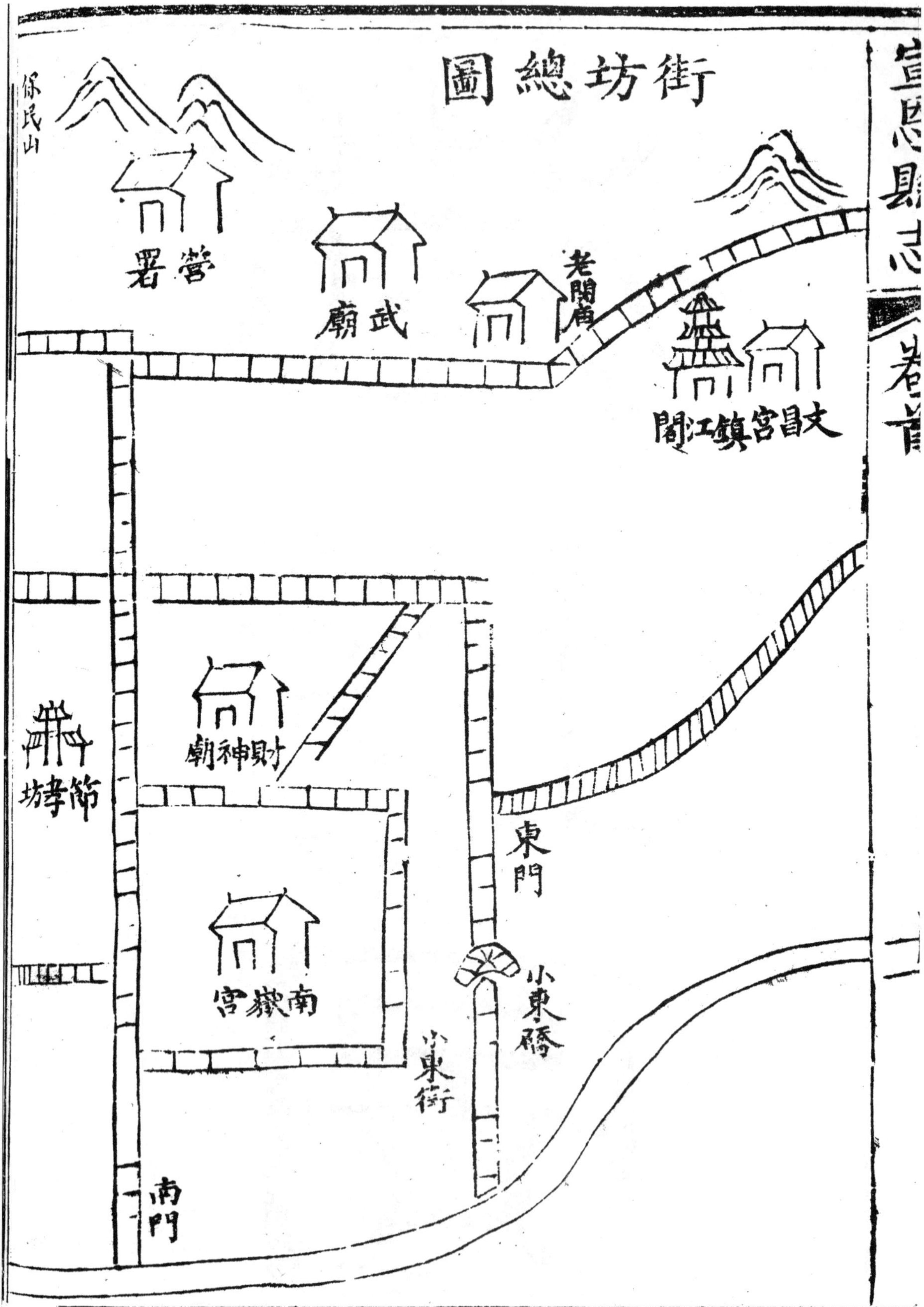
街坊總圖
保民山
營署
武廟
老關廟
文昌宮
鎮江閣
財神廟
節孝坊
南嶽宮
東門
小東橋
小東街
南門

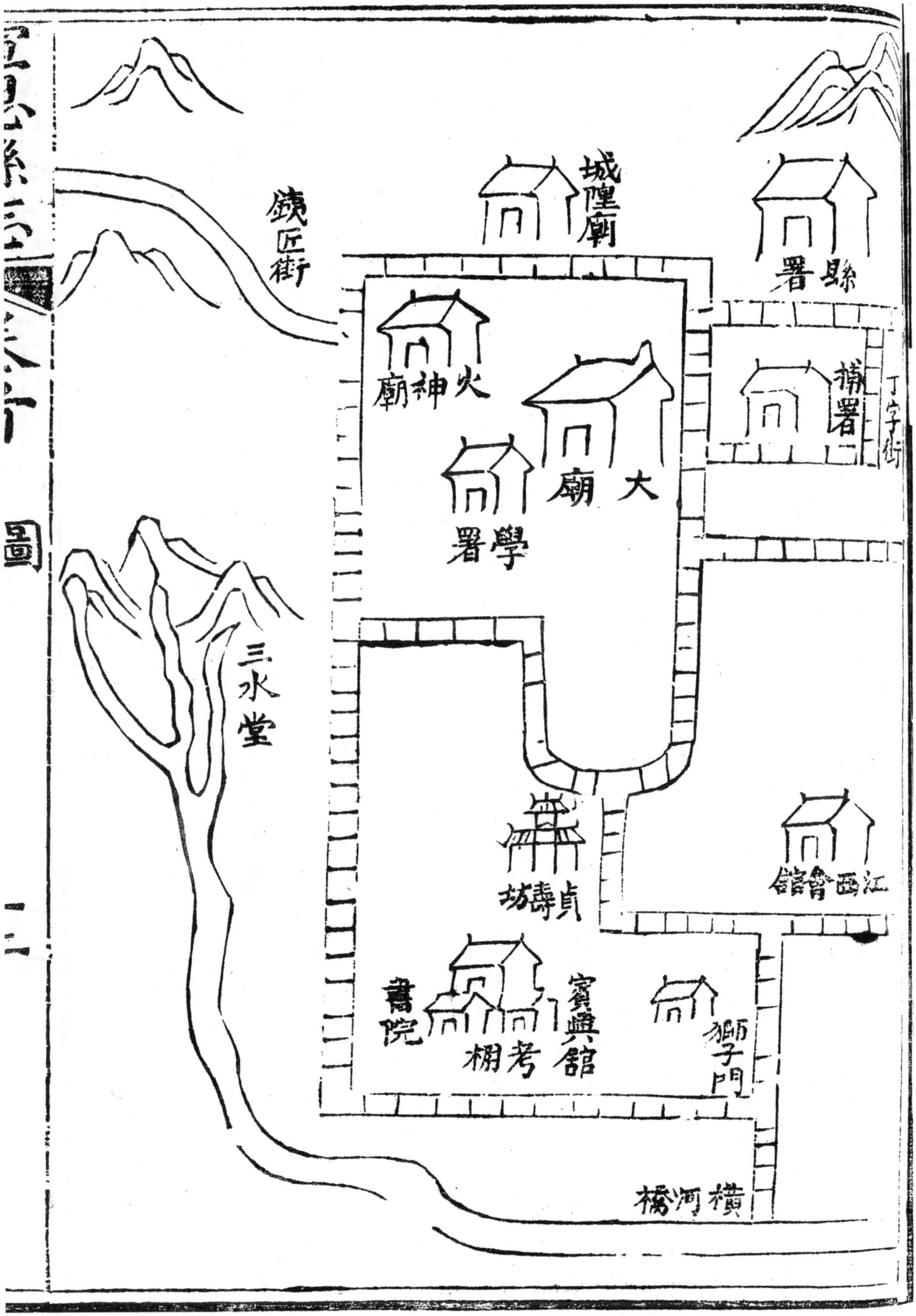
縣署
城隍廟
捕署
丁字街
錢匠街
火神廟
大廟
學署
三水堂
貞壽坊
江西會館
書院
考棚
賓興館
獅子門
橫河橋

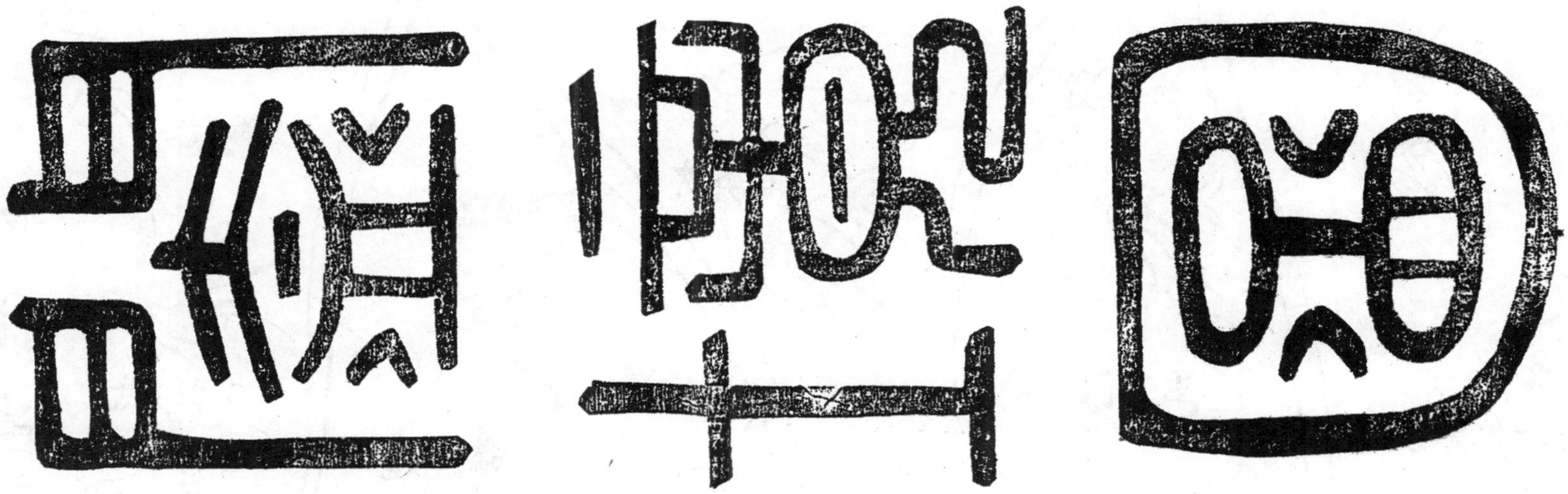

圖　三十

闔境總圖

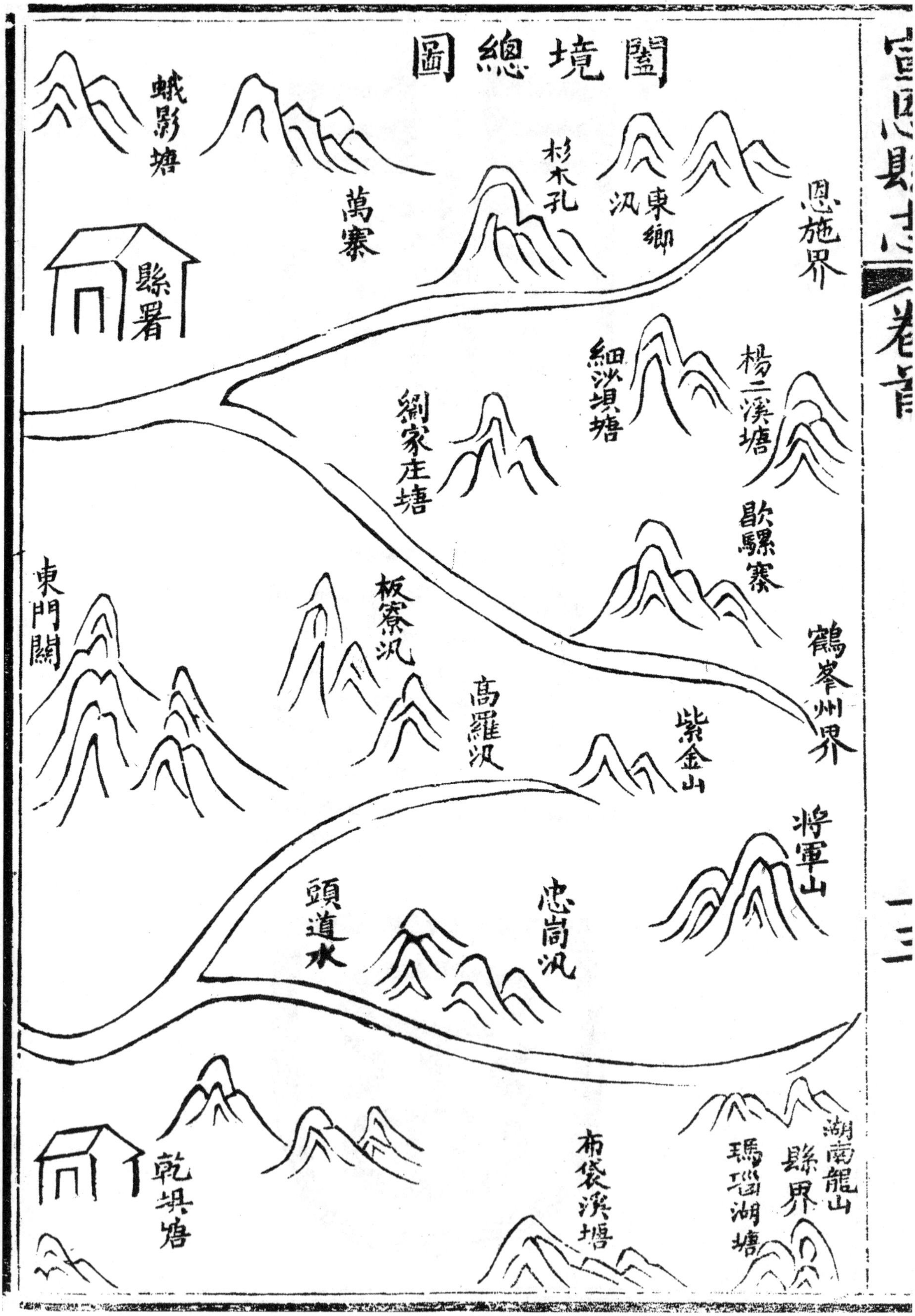
蛾影塘
萬寨
杉木孔
汎東鄉
恩施界
縣署
細沙垻塘
楊二溪塘
劉家庄塘
歇驛寨
東門關
板寮汎
鶴峯州界
高羅汎
紫金山
將軍山
頭道水
忠峝汎
乾垻塘
布袋溪塘
瑪瑙湖塘
湖南龍山縣界

縣志 卷之首 圖 十四

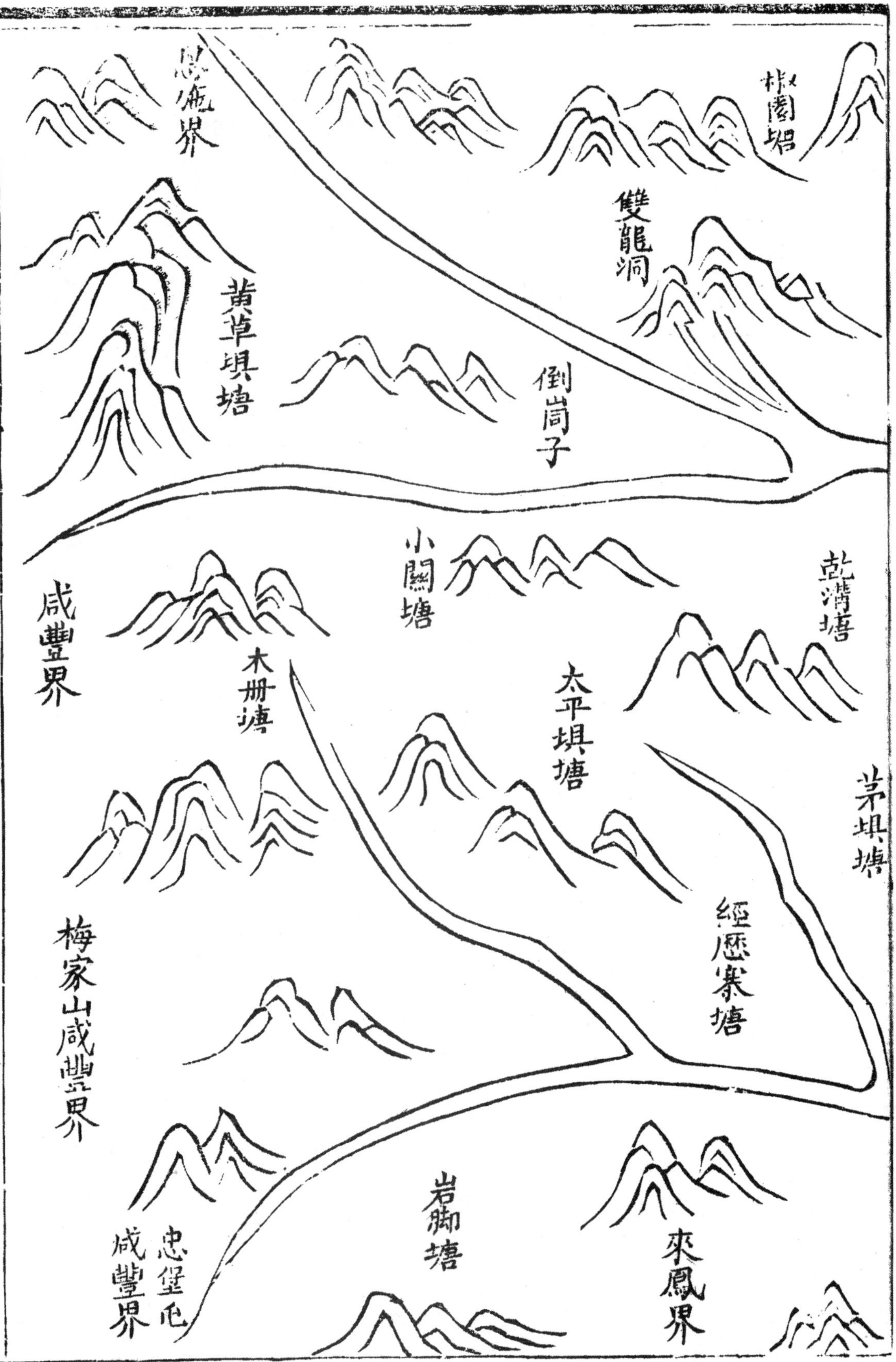

名勝圖

闔邑名勝圖
仙女池清
呂寺晚鐘
白鶴池
縣署
貢水文瀾
峰標三鳳
珠山曉翠
東關瀑布
將軍山
白水湖
李溪層石
瑪瑙湖
李白祠
珍山

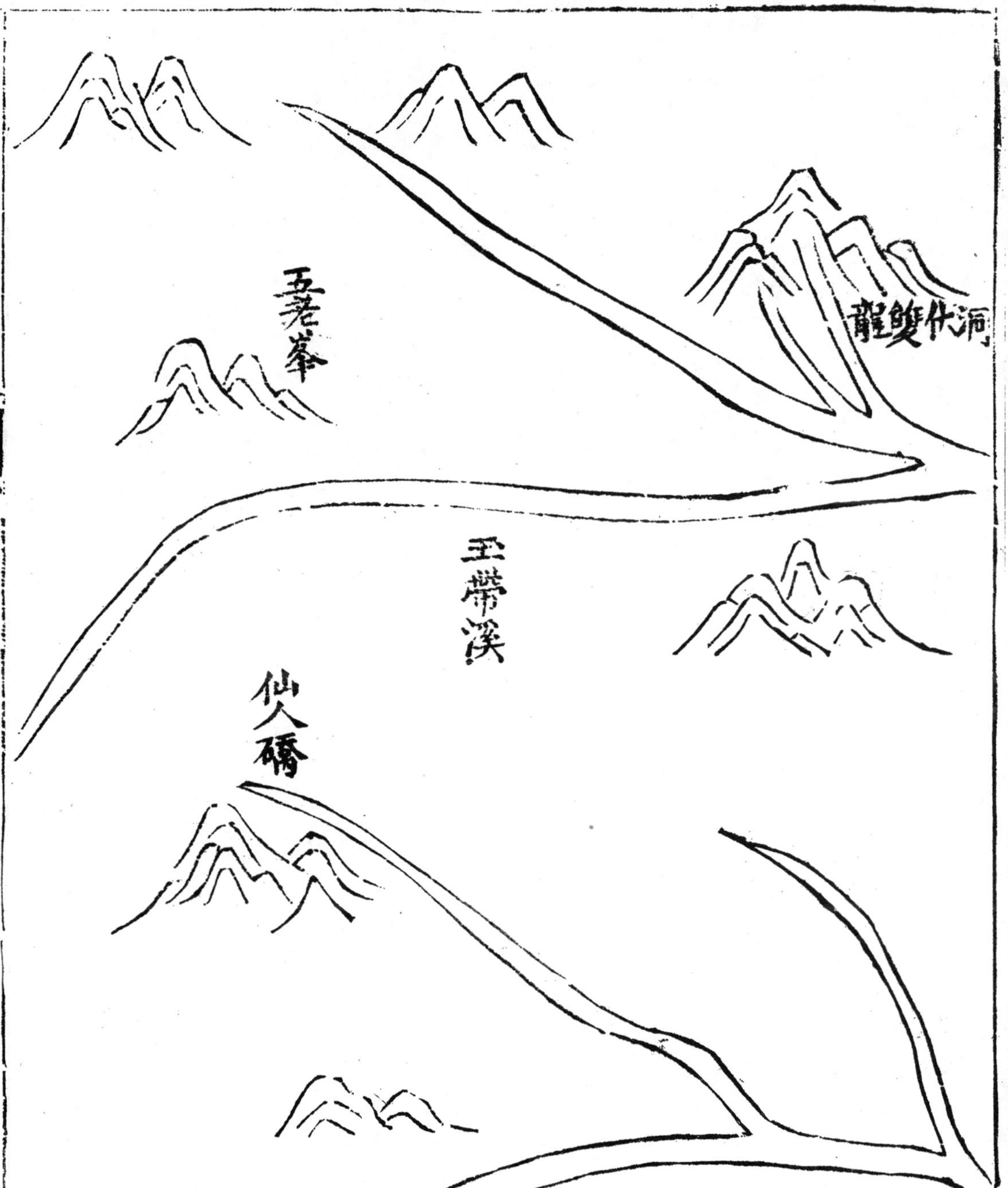
五老峯
洞伏雙龍
玉帶溪
仙人橋

卷之一　知宣恩縣事平湖張金瀾監纂

疆域志

沿革

古為廩君國周屬夔子國春秋為巴國界戰國屬巫郡地後秦伐楚改屬黔中漢屬南郡三國屬新城唐改舞州又改鶴州珍州尋改夜郎縣麗皋縣東源縣渭溪縣宋改西高州俱在本冊司地去今縣治百二十里元屬土酋佔據因設東鄉施南高羅

忠峝木册忠建上愛下愛各土司屬施州衛前明仍元舊制然亦廢置不一我朝初仍明制其後東鄉忠建施南三司淫惡無狀各以罪廢雍正十三年十五土司率土捋誠自請歸流議置施南郡設所屬六縣宣恩居其一乃就施南司故宅立今縣治 賈志稿

施南宣撫司元施南道宣慰司洪武四年十二月因之後廢永樂二年五月改置長

官司屬大田軍民千户所四年三月陞宣
撫司仍屬衛東有舊治後遷夾壁龍孔即
今縣治也西有前江發源七藥山西南流
與後江合入四川彭水縣界内北距衛一
百里領安撫司五東鄉五路安撫司元東
鄉五路軍民府洪武四年十二月改置長
官司後陞安撫司領長官司三蠻夷官司
二搖把峒長官司元又把峒安撫司後廢
宣德三年五月改置上愛茶洞長官司下

愛茶洞長官司二長官司俱元容美峝地至大二年置懷德府屬四川南道宣慰至順二年正月陞宣撫司太祖甲辰六月改軍民宣撫司後廢宣德三年五月改置忠建安撫司元忠建軍民都元帥府明玉珍因之洪武五年正月改長官司六年陞宣撫司二十七年四月改安撫司尋廢永樂四年後置宣撫司屬施州衛南有白水河源出將軍山西南流東河自容美司來

合馬北距衛二百五十領安撫司二忠峝
安撫司元湖南鎮邊宣慰司明玉珍改沿
邊溪峝宣撫司洪武五年正月改沿邊溪
峝長官司後廢永樂四年改置西南有酉
溪高羅安撫司明玉珍改安撫司洪武六
年廢永樂四年復置領長官司一施南長
官司成化後置木册長官司元木册安撫
司明玉珍改長官司今縣治即各司地分
七里節錄明一統志

施州隋為清江郡改州明初仍之洪武十
四年改設衛施南忠建東鄉忠峝高羅木
冊搖把上愛茶峝下愛茶峝各司均為所
屬先是洪武四年宣寧侯曹良臣帥兵取
桑植容美洞元施南道宣慰使覃大勝弟
大旺副宣慰覃大興光寶子答谷等皆來
朝納元所授金虎符命以施州宣慰司為
從三品東鄉諸長官司為正六品以流官
參用五年忠建元帥墨池遣其子驢吾率

所部溪洞元帥阿巨等來歸附納元所授金虎符並銀印銅章誥勅置忠建長官司及沿邊溪峝長官司以墨池等為長官十五年置施南宣撫司隸施州衛十七年景川侯曹震言散毛等峝蠻時寇掠為民患已令施州衛及施南宣撫司覃大勝招之如負固請發兵討二十年命忠建宣撫田思進之子忠孝代父職時思進年八十餘乞致仕故有是命明年諒國公藍玉克散

毛嵩擒剌惹長官司覃大旺萬餘人置大
田軍民千戶所隸施州衛時忠建施南叛
蠻結寨於龍孔玉遣指揮徐玉將兵攻之
擒宣撫覃大勝餘蠻退走玉復分兵搜之
殺獲男女一千八百餘人械大勝及其黨
八百二十人送京師磔大勝於市餘戍開
元給衣粮遣之永樂二年復設散毛施南
二長官司蠻苗吳面兒之難諸土司地多
荒廢長官亦罷承襲至是土官之子覃友

諒等以招復蠻民請仍設治所以其户少降為長官司隸大田軍民千户所以友諒為散毛長官覃添富為施南長官四年改設施南散毛仍為宣撫司以友諒添富來朝故也時高羅安撫田大民言招復蠻民四百餘户乞還原職治所木册長官田谷佐並言祖父世為安撫洪武時大軍平蜀民驚潰治所廢今谷佐等招集三百餘户請襲許之同時設東鄉五路安撫以覃忠

為之隸施南設忠路忠孝金峝三安撫司隸施州衛以覃芙田大英覃添貴為之皆因洪武間蠻亂民散廢其治今忠等以故官子職來朝奏請復設並從之各賜印章冠帶宣德二年設搖把峝上下愛茶二峝三長官司皆隸東鄉五路安撫先是忠路安撫司等各奏前元故土官子孫年酋蠻等各擁蠻民久據溪峝今就招撫請設官司授以職事兵部以聞帝以馭蠻當順其

情所授諸司宜有等殺兵部議以四百户
以上者設長官司四百户以下者設蠻夷
司元土官子孫量授以職從所招官司管
屬皆從之令三年一朝貢如故事九年木
册長官田谷佐奏高羅安撫常倚勢淩轢
侵奪其土地人民已蒙
朝廷分理然彼宿怨未平恐復加害乞徑
隸施州衛從之天順五年禮部奏施州木
册長官司土舍譚文壽兇暴罪當刑令其

母向氏進馬以贖恐不可從帝命給鈔百錠以慰其母其子仍禁錮之宏治二年木册長官田賢及容美致仕田保富各進馬爲土人譚敬保等贖罪此宣境各司前明廢置之源流也節錄明一統志

施南宣撫司施州衛舊志

禹貢荆梁二州西北境屬巴子國宋崇寧中覃都管馬始納土輸賦令隸施州元置鎭邊萬户總管府至元二十三年改忠義

軍民安撫司至正二年叛都元帥紐璘諭降之改施南宣撫司明玉珍據蜀始更宣慰為施南宣撫司洪武四年大軍克瞿塘中山侯遣使黄述招覃大富入朝署施南長官司七年升宣撫十四年叛討平之二十三年定其地永樂二年改長官司屬大田軍民千户所四年復升為宣撫仍屬衛編户三里領東鄉忠路忠孝忠嵩四安撫司後皆不屬

國朝因之東至高羅五十里西至萬縣五百五十里南至大田六十里北至本衛六十里在衛南一百里自洪武四年覃耳毛始

東鄉安撫司　施州衛舊志

古溪峝地宋為細沙砦屬施州乃順州之西界也元仍之明玉珍置東鄉五路宣撫司洪武四年歸明六年置安撫司二十三年廢永樂五年復置宣德三年令領據把

上下愛茶三峝長官司及鎮遠隆奉二蠻夷官司五年省編戸一里東至忠峝一百二十里西至施南二十里南至高羅四十里北至本衛界三十里在衛南一百五十里天啟三年因征黔覃天允及子陣亡題加二級擬宣撫司自洪武四年覃起喇始

忠建宣撫司 施州衛舊志

古蠻夷國屬楚秦代楚屬黔中漢屬武陵唐屬黔中道 屬保順州界 元置軍民都

元帥府明玉珍據蜀仍忠建都府洪武四年歸明六年改宣撫尋叛十四年改安撫再叛二十三年復宣撫編户三里領忠峝高羅二安撫司東至永順一百三十里西至散毛五十里南至木册三十里在衛南二百五十里自洪武四年田恩俊始

忠峝安撫司　施州衛舊志

古蠻夷地秦屬黔中漢屬武陵充縣地吴晉屬天門郡梁置建昌縣隋開皇初屬施

州十八年改充州大業廢唐為珍州宋置
順州元置湖南鎮邊宣慰司明王珍改沿
邊溪峝宣撫司洪武四年歸明尋叛十四
年討平二十三年招降永樂四年置安撫
司編戶三里東至永順一百里西至高羅
五十里南至高羅三十里北至東鄉一百
里在衛東南二百五十里自洪武四年田
蠻王始

高羅安撫司施州衛舊志

古山獠夜郎郡地唐貞觀七年開山峒置
舞州龍溪郡領夜郎麗皐樂源三縣長安
四年省麗皐樂源領夜郎渭溪二縣開元
十三年更名鶴州大歷五年以州有珍山
改名珍州置夜郎郡元和二年廢五代復
名鶴州宋乾德三年七月刺史田景遷言
本州年歲荒沴乞改高州又名曰西高州
元置石溪峒長官司後又改高羅寨長官
司尋升宣撫司明王珍改安撫洪武四年

歸順尋叛六年置安撫司再叛二十三年定其地永樂五年復置編戶二里領木册長官司東至永順二百里西至施南七十里南至忠建三十里北至忠孝三十里在衛東南九十里自洪武四年田大卓始按明史係田大名非大卓

木册長官司 施州衛舊志

古夜郎地元置安撫司明玉珍改長官司洪武六年歸明置長官司尋叛永樂四年

復置編戶三里東至大田一百里西至石
桂司二百里南至黔江三十里北至龍潭
三十里在衛西南四百里自洪武六年覃
起送始按明史木册長官司田谷佐永樂四年置
舊志本荆州府志載有此書其中記
二所及十四土司溯源上古迄於勝
國歷代沿革並詳各土司疆域土舍
傳襲燦若列眉似若可信第細按之
則其所稱上古者不過古蠻夷國古

溪峒地巴子五溪地山獠夜郎地今
按五溪夜郎本非施州地即與相接
亦不能分孰為五溪孰為夜郎也又
云荆梁二州西北境夫荆之西為梁
梁之東為荆荆梁西北當在何境至
稱大田散毛為宋富州忠建為宋保
順州忠峒高羅為唐珍州考唐書宋
史俱不合詳控制志及夜郎考其載
各土舍姓名皆與明史不合然出於

土人記載故辨而存之郡志

卷之一

疆域志

疆界

府南九十里

東至牛喫水與宜昌府鶴峯州上塘交界

距縣治一百三十里

東南至經歷寨與湖南龍山縣殷家壩交

界距縣治一百四十里

南至瑪瑙湖與湖南龍山縣分水嶺交界

距縣治一百六十里
西南至關口與來鳳縣夾口寨交界距縣
治一百六十里
西至上魚塘與咸豐縣馬蟥坨交界距縣
治九十里
西北至天篩坪與恩施縣車寮交界距縣
治八十里
北至抱木埡與恩施縣九道水交界距縣
治三十里

東北至萬寨與恩施縣三岔口交界距縣治七十里

東西距二百五十里南北距一百九十里

周圍九百餘里分七里二十五甲

施南里六甲　東鄉里三甲

高羅里二甲　石虎里二甲

木册里二甲　忠峝里五甲

忠建里五甲

宣恩縣志　卷之二

〔選舉〕

二

卷之二　　知宣恩縣事平湖張金瀾監纂

疆域志

山川

施南里

來龍山　治北里許下有醴泉

壘達山　治後土人謂天為壘言山高達天也其下有小山抵署山半新建宜亭因名宜山

後郭山　治西北學署後

保民山　治北里許嘉慶元年教匪闌入邑民避難於此因名

蓮花堡　即治前案山俗呼馬梘坪

保慶山　治東城守署後山下右側為先農壇

鼓臺山　治西里許山形似鼓上平如砥山下為三水堂

青龍山　治東二里許青龍寺在焉

貓兒堡　治西里許

蛇山　治東三里教場與前形勢逶遙

天馬山　治東四里

長矛嶺　治東南里

大茅坡　治北八里

寨堡山 舊志稿載縣東五里一峯聳特烟雨時遮前土司紮寨於此故名

梛颺坡 治西五里即酉陽坡舊志稿載三峯並峙俗以西在酉故名

馬鞍山 治東十里如馬鞍故名

銅鼓山 治南十里山頂平坦羣峯對峙相傳前人聞山有鼓聲掘出銅鼓一面故名之

疊翠山 治東北層巒疊翠

石堡砦 治西十五里孤峯突起頂上平坦周圍石壁中有鳥道一線可通

墨把山 治西十里距龍洞二甲七峯聳拔

天柱峯 治南四十里一峯聳高揷入雲即雲頭山

大小寒山　治西南五十里

水心山　在水心砦下

仙人洞　治西南六十里落馬洞頂上外濶內深內有石桂欄杆可牀

雙龍洞　治西十里詳宣恩八景

上福潭　治西三里

忠孝潭　治東五里深十數丈四時不竭

白鶴井　治東保慶山下演武廳側

清涼泉　治西西門外泰鏡溝路石隙湧出性最涼暑月人咸汲之

桂花井　治西潘家溝

防河 治西考棚前水出鳳嘴

倉溪 治東常平倉前水出小東門

福壽山 治西北三十五里慶陽垻後甚高敬里人立廟其上

香花嶺 治西北五十里抵恩邑界嶺上多花因名

觀音洞 形如蓮山上舊建觀音廟故名

向上台 水田垻治西二十八里高矗雲際山頂入夏猶寒咸豐八年里人立廟其上

筆架山 治西北六十里石家溝上三峯一排中峯獨尖

石厫溝 治東南七里有礄名七里礄

常耳溝 治東八里

車袋溝 治東南五里

秦鏡溝 治西北里許

邑前河水源流

邑前河水發源咸邑麻布溪四十里至龍坪由龍坪十五里至長沙坪二十里至麻里洞又二十里至橋塘又二十里至桐子營逶迤七十里由五窖北注雙龍洞水出口合流十里至治前南岸渡舡口東流由

三房溝入紅巖窖內湧洞河與東鄉新司河會合流忠建河至分水河會郡城清江
慶陽壩河水源一出杉樹嶺一出香花嶺一出小鴉口合流由老茶溪至水田壩下壩入洞伏流十餘里出馬合壩至恩邑九
道水會
石家溝河水源出筆架山由鹽池至西草壩洞伏流數十里出縣城外小龍洞合流
大河

桶匠溝河在縣西北六十里水源出龍潭
溪至西草壩合流

東鄉里

東門關 治南六十里詳見宣恩八景

觀音山 治東四十里詳見勝境

三鳳山 治南六十里詳見宣恩八景

白巖山 治東五十里其山白石巉巉壁立千仞其山下為天師灣壪口踹狹逶迤而前豁然開朗前縣學博余公肇翊過其處愛而題之曰桃源深處

龍馬山　治東四十里

涼風臺　治東南三十里

獅子岩　治東南二十五里山有大小二均以獅子岩名

萬卷岩　治東五十里石壁層疊

萬巘山　治東四十五里

龍角堡　治東四十里其山兩峯並峙

僊人洞　治東六十里

鵞影潭　治東七十里

金碧山　治東八十五里石崖壁立如削夕陽反照金碧輝煌

銅鐘山 治東八十里右跨漩流洞左跨槎磋形勢高峻乾隆年間土人掘得銅鐘二擬建寺未果又名大寨頂上寬平

香爐崖 治東九十里水田坝上平地突生一石如香炉嘉慶初昭武都尉麻光裕堵禦白蓮教於此

中峰山 治東北六十里萬寨山勢巍峩上有廟明洪武年間建修殘碑在焉境最僻為萬寨主山

石髓山 治東六十里大湾平地生石台約數丈如削成周圍里許上建廟茂林修竹有泉自其頂出或曰石髓也

玉帶溪 治東七十里即忠建河其水常清以河繞恩邑玉帶山得名郡志載

迴繞邑城誤

仙女池 治東九十里詳見宣恩八景

玉筍洞 治東七十里生懸岩間洞口有石寬數尺內兩壁及洞頂俱生石筍大者約數圍俗名魁星洞

石龍洞 治東七十里

穿洞 治東二十五里獅子關洞面如印澗半里深如之洪家河水流至關後伏半里由洞出又伏里許出與古基河水合流出紅岩窖會邑前河水

跳魚洞 治東四十里觀音山下其水四時不竭多魚

官潭　治東四十里潭多魚

龍泉　治東七十里泉在洗硯溪上流即玉笋洞水溢出產洋魚味極美

春潮洞　治東六十里深數十丈天將雨則潮起農人候之以占晴雨

東鄉河水四條一發源油煤界由洗馬坪出馬虎坪東注一發源芭蕉湖由魚泉出馬虎坪西注合流出新司河一發源山羊溪由富廣坪出長灘河一發源內口溪由斑竹園出長河合流經東鄉鎮出新司河四條合流出湧洞河與治前河水會同出

忠建河會清江

高羅里

二仙岩　治南六十里東門關前

珍山　治南九十里詳見古蹟

泰平山　治南八十里元末明玉珍據蜀時土人避兵於此

么姑山　泰平山側

獅子山　治南八十三里

甲羅山　治南九十里三峯並峙甲歌羅寨中

歌羅寨　治南九十里詳見古蹟

龍泉山　治南九十里

玉柱峯　治南九十二里詳見勝境

廻龍山　治南九十二里

滿天星　在玉柱峯下當歌羅中流有石負水而出磊磊若繁星

金星山　治南九十五里在高羅河中

印石　在高羅河中

馬家山　治南八十里山高頂平居民環集上有水田

瀑布泉　治南七十里東關前

李溪　治南八十里詳見宣恩八景

龍溪　治南九十里

岩鳳溪　治南一百里

鉛廠溪　治西南一百一十里

龍河　治南一百里

湧泉　下高羅南坑圓如白水自下湧出四時不竭土人汲之作酒甚佳俗呼母豬坑

高羅河水源流

歌羅寨河水發源東關前二仙岩下大石洞湧出至峰前噴為瀑布落百餘丈遂逐

溪向西南流七八里至李溪合流經柰平山下二里與岩鳳溪水合又經五里與龍溪水合又經玉柱峯下過滿天星與鉛廠溪水合繞金星山南流會忠峝河水經來邑入卯峝

忠峝里

將軍山　治東南一百二十里詳見勝境

荷艷山　治東南一百二十里舊道溝下

紫金山　治東南一百三十里

烏雞界　治東南一百八十里湖南桑植縣交界

羊角砦　治東南一百四十里

畬道坪　治東南一百三十里

木櫳寨　治東南一百五十里

雪落砦　治東南一百八十里通鶴峯州

分水嶺　治東南一百九十里龍山交界

飛砂坡　治東南一百八十里龍山交界

容美界　治東南一百二十里

熊洞　治南一百三十里

鑼子洞　治南一百三十里

蹂水埠　治南一百六十里

枕頭岩　治東南一百八十里

署司洞　治東南一百四十里

布袋溪　治東南一百七十里

鍋匠溝　治南一百八十里

大白溪　治東一（畚刀溝）百三十里發源容美界出

三服泉　治東一百五十里

老鴉溪　治東南一百六十里

鴛鴦峽　治東南一百五十里山下溪水發源白水河

瑪瑙湖　治東南一百八十里

白水河　治東南一百六十里發源晒坪羅戈川流百餘里至畬刀溝經欄杆坪與高羅河水合流入卯峒

木册里

青山塘　治西六十里

凌雲山　治西一百二十里上有寺

文筆山　治西一百四十里

司城　治西一百三十里兩山環抱一水中流有瀑布數處又有石鐘石鼓

擊之有聲

普臺山　治西一百三十里

猴子嶺　治西一百四十里

大山坪　治西南一百里相傳地產硃

郭家坡　治西南一百三十里

馬家砦　治西南一百三十里

滴泉山　治西南一百四十里山上有洞曰金砂洞清泉常滴岩下

香菌坪　治西南一百五十里其地多出香菌

打鼓塘　治西南一百四十里每逢陰雨水聲若鳴鼓然

白菓坪　治西南一百四十里

印盒岩　治西南一百四十里山上有大石二疊

冉大河　治西南一百四十里由芭竹塡貫家溝出李家河

清水潭　治西一百三十里詳見勝境

魚泉　治西南一百六十里水出冉大河

石虎里

和尚岩　治西六十里

貓兒石　治西南九十里

龍角山　治西南八十里

杉木嶺　治西南七十里

黑山增　治西南八十里

楊柳溪　治西六十里沿溪楊柳夾岸數百武無雜樹

仙人橋　治西北七十里詳見勝境

獅子堡　治西六十里

馬家寨　治西一百四十里

宋家溝　治西七十里

乾溪　治西七十里

占田溝　治西八十里

白泥溝 治西七十里

泰坪壩河 治西一百五十里水源出恩施境至咸豐冉塘河今流入唐崖司河

忠建里

亮洞坡 治南一百四十里通來鳳孔道

香爐岩 治南一百六十里秀峯獨聳朝暮白雲微罩儼若香篆故名

經歷砦 治南一百八十里地勢平坦峯巒環翠其旁溪水迴流上下一碧月極數百里路通來鳳龍山境

二虎砦 治南一百六十里

四方砦　治南一百六十里通來鳳路

將軍巖　治南一百六十里隔岸石壁上有生成馬形故名

萬線坡　治南一百四十名乾壩司署後

涼風洞　治南一百五十里在車車口下

蓮花山　治南一百六十里

高洞　治南一百四十五里旁僅通微穴一人側身始可入內甚寬厰咸豐十一年髮匪擾境避此得保全者六百名人

笑喜巖　治南一百三十五里側嶺嵯峨三面陡絶咸豐十一年避難得全者甚衆

葉家渡　治南一百四十里

洗白溪　治南一百四十五里

沙河溪　治南一百五十里

象鼻溝　治南一百六十里

燕子溪　治南一百五十里

市路溝　治南一百四十里

賈家溝　治南一百八十里

川箭河　治南一百五十里水源出小河流十里與李家河會

李家河　治南一百六十里水源一自冉大河一自川箭河河合流至兩河口

宣恩縣志 卷之二 三

卷之三　　知宣恩縣事平湖張金瀾監纂

疆域志

古蹟

太白祠　在高羅里治南九十里玉柱峯上今圯蘇公於洛曾記之

李溪　在高羅里治南八十里舊傳太白流夜郎時謫居於此詳見蘇公於洛夜郎考

仙女池　在東鄉里治東八十里郡志載明王珍據蜀時以施州常平鄉譚向二姓女入選二女結伴投池死後池自生蓮

歌羅寨　即高羅治南九十里唐李太白流夜郎過歌羅即其處也詳夜郎考

仙佛潭在忠建里來龍兩邑界治西南一百八十里石壁懸十餘丈上鐫佛像

咸平石柱舊志載宋丁謂立以分界在縣西南今無遺蹟可證

珍山在高羅里唐改珍州以珍山賜名見施州衛舊志並見夜郎考

懷來崗明藍玉引兵至此納款故名

天聖石柱宋刺史史方逐蠻至七女柵降之立以分界至明時石斷舊衛志載距府城二百七十里今宣恩來鳳交界處即其地也

卷之三

疆域志

勝境

宣恩八景

珠山曉翠

即明珠山如珠聯一串因名俗號官山面宣署三十六峯環列左右春夏之交蒼翠四合洵奇觀也郡志有羣山環峙亘繞前後之語

貢水文瀾

水自治西七里龍洞中湧出汩汩其來四時不竭其水清且漣漪遶邑城而東注至忠建河長沙河與清江合流

洞伏雙龍　在施南里治西七里許其源有二上濁下清合水分流滔滔不竭即貢水也

峰分三鳳　三鳳山在東鄉里治東南五十里其山輝光掩映若鳳之翺翔然故名上有古寺在馬土人訛鳳為峯

李溪層石　溪中有石層累若浮圖然餘詳見古蹟

仙女池清　詳見古蹟

東關飛瀑　在東鄉里治東南六十里關在東門山上故名東門關石磴凡千五百級上有武廟廟前為二仙崖崖上有大石洞噴出瀑布飛落百餘丈前任蘇公於洛有千層石磴盤雲矗百丈流泉赴

壑喧之句

呂寺晚鐘 寺在署後踰花園堡里許保民山上鐘聲度遠響徹山外

仙人磅 在石虎里治西北七十里兩山並峙中亘石梁闊丈餘長十餘丈高三十丈真奇境也

仙人崗 在東鄉里治東六十里其山形如蟜高千餘丈崗口撐木竿一株如柱風殘雨蝕不朽

玉柱峯 在高羅里治南九十二里一峯高聳橫亘歌羅寨中奇秀可觀前邑侯蘇公於峪擬重建太白祠未果今改建李溪

觀音山 在東鄉里治南四十里山形如大士蓮座儼然高大甲邑中諸山積

雪至初夏始消山頭雲氣出没可驗晴雨

將軍山在忠尚里治西南一百一十里衆山皆小惟此獨大

清水潭在木册里治西一百三十里有頭潭二潭三潭之名俱四面皆石潭多洋魚篆竹夾岸桃李垂楊叢雜其間當春時尤引人入勝

卷之四　知宣恩縣事平湖張金瀾監纂

建置志

公署

縣署乾隆二年新建

頭門三間　儀門三間　大堂三間　東科房四間　西科房四間　宅門房三間　二堂五間　宅門一所　東書房三間今圮　西書房三間　內署五間　東廂房四間　廚房　西廂房四間　監獄一所在頭門內

學署乾隆五年新建

頭門三間　儀門一間　明倫堂三間

內署三間　書房三間　廚房一間

典史署乾隆二年新建咸豐年圮

頭門三間　大堂三間　二堂三間

內署三間　花廳一間　廚房一間

巡檢署乾隆二年設在乾壩咸豐十一年被兵燹燬

頭門三間　大堂三間　二堂三間

內署三間　書房三間　廚房一間

城守署　乾隆二年新建
頭門三間　大堂三間　二堂三間
内署三間　演武廳三間　馬房一間
兵房共四十間
忠崗汛把總署　乾隆二年新建
頭門三間　公廳三間　坐樓三間
兵房共三十間
東鄉汛外委公廨　乾隆二年新建
頭門三間　公廳三間　坐樓三間

兵房共十五間

高羅汎外委公廨乾隆二年新建道光初年圮今駐板寮塘

頭門三間　公廳三間　坐樓三間

兵房共十五間

卷之四

建置志

倉庫

常平内倉在署内儀門左

大字廒一間　有字廒一間

慶字廒一間　豐字廒一間

年字廒一間

常平外倉在署前十字街

民字廒一間　安字廒一間

物字廒一間　阜字廒一間
長字廒一間　歌字廒一間
常平倉額設穀肆千捌百石正又逆產
租穀肆百陸拾壹石伍斗
共五千貳百陸拾壹石五斗歷任共
發穀貳千零壹拾玖石貳斗至前任
代理縣周公瑞任內僅存叁千貳百
肆拾貳石叁斗
周動用柒百貳拾柒石肆斗

實存穀貳千伍百壹拾肆石玖斗均
經造報在案又附貯社穀肆拾捌石
共貳千伍百陸拾貳石玖斗正

社倉

縣城社倉一所　大地坪社倉二所
東鄉司社倉一所　忠建里社倉一所
忠峝里社倉一所
庫房一間　在縣署二堂内右側

卷之四

建置志

坊市

治前街　治前仁惠坊

正街　治左永興坊

江西街　治南豐樂坊

豬市街　治南清寧坊

錢匠街　治右祥興坊

西街　治右七郎坊

北街 治左貞吉坊

東門街 治左安貞坊

小東門街 治左興隆坊

鳳嘴街 治南興南坊

鹽店巷 治左

興隆街 治南對河興隆坊

卷之四

建置志

集場　共二十一

施南里六

椒園　治西北十五里

慶陽壩　治西三十五里

倒淌塘　治西三十里

岩桑坪　治西北二十五里

覃家坪　治西南三十里

臥犀坪 治西南六十里

東鄉里六

萬寨 治東北七十里

忠建河 治東八十里

長潭河 治東七十里

獅子關 治東南二十五里

洗馬坪 治東七十里

乾溝塘 治南十五里

高羅里三

板寮　治南六十里

下高羅　治南九十五里

新安壩　治南九十五里

忠峝里一

畲刀溝　治東南一百二十里

忠建里一

李家河　治西一百六十里

木册里二

上峝坪　治西一百里

板栗園治西南一百三十里

石虎里二

小關治西七十里

黄草壩治南一百一十里

卷之五　　知宣恩縣事平湖張金瀾監纂

建置志

關隘

東鄉鎮在治東五十里舊有東鄉司署後改設崇陽

獅子關在東鄉里治東二十五里有集市

東關在東鄉里治南六十里東門山上

小關在石虎里治西七十里有集市

西關在石虎里治西一百里地名黄草壩為西路首關因更名焉

土地關在忠建里治西南一百万卜里抵來邑界關上有土地祠因名一名

龍頭關

勝水關　在忠建里治西南一百七十里抵龍山界俗名關口

虎城關　在忠建里治南一百六十里俗名二虎砦

野熊關　在忠建里治西南一百五十里俗呼野熊嶺

野牛關　在忠建里

水心砦　在水心山下

懷來崗隘　在木册里明初藍玉引兵至此受南蠻款因名

七女栅　在忠建里治西南一百七十里宋史方逐蠻至此立天聖石柱為界

羊角寨　在忠建里地甚險峻辛酉冬髮逆闌入避難獲全者多人

卷之五

建置志

津梁

本城南門義渡　在縣南門外係宋家義渡立碑

新司河義渡　在東鄉里治東四十里

忠建河義渡　在東鄉里治東九十里

乾溪義渡　在高羅里治西南一百一十里

泰平壩義渡　在石虎里治西一百二十里

桃子岔義渡　在忠峒汎旁治南一百二十里即畬刀溝渡

李家河義渡 在忠建里治南一百五十里

穿箭河義渡 在忠建里治南一百四十五里

巖腳河義渡 在忠建里治南一百六十里

仙人崗義渡 在忠建里治南一百六十五里

頭道水義渡 在忠崗里治東南一百二十里

二道水鄉渡 在忠崗里治東南一百一十五里

老槐潭鄉渡 在施南里治西十二里

牛槽鄉渡 在施南里治西南十五里

同知營鄉渡 在施南里治西四十里

中壩鄉渡　在施南里治東五里

陳家灣鄉渡　在施南里治東十里

古屋基鄉渡　在東鄉里治東二十里

冗洞河鄉渡　在東鄉里治東六十里

欄杆坪鄉渡　在忠峝里治南一百二十里

踩水埠鄉渡　在忠峝里治東南一百七十里

葉家渡鄉渡　在忠峝里治南一百四十里

小東橋　在本城東門内

迎恩橋　在本城西門内

七里橋　在施南里治南七里

龍洞橋　在施南里治西八里

觀音橋　在高羅里治西南九十里

花栗堡橋　在東鄉里治東二十里

乾溝塘橋　在東鄉里治南十五里

穿箭河橋　在忠建里治南一百五十里

李家河橋　在忠建里治南一百六十里

馬蹄橋　在東鄉里治東四十五里

板寮河木橋　在高羅里治南七十里

李溪河木橋在高羅里治南七十五里

湯灣木橋在忠建里治南一百五十里

波羅埠木橋在忠建里治南一百六十里

宣恩縣志　卷之五　三

卷之五

建置志

塘汛

椒園塘　在施南里治西北十五里

倒尚塘　在施南里治西北三十里

大岩壩塘　在石虎里治西五十五里

黃草壩塘　在石虎里治西九十里山勢尚險抵咸豐界

泰平壩塘　在石虎里治西一百一十里

乾溝塘　在東鄉里治南十五里

劉家庄塘　在東鄉里治東南二十五里

茅壩塘　在東鄉里治南四十里

細沙壩塘　在東鄉里治東九十里

楊二溪塘　在東鄉里治東一百二十里山勢高險抵桑植鶴峯界

杉木樹塘　在東鄉里治東北九十里

萬寨塘　在東鄉里治東北六十里抵恩邑界

蛾影塘　在東鄉里治東北九十里抵恩邑界

板寮塘　在高羅里治南七十里

乾壩塘　在忠建里治西南一百四十里司署在焉

頭道水塘在忠峝里治南一百一十里

大沙壩塘在忠峝里治南一百六十里

歇騾寨塘在忠峝里治南一百八十里

瑪瑙湖塘在忠峝里治東南一百八十里

巖脚塘在忠峝里治東南一百八十里

經歷寨塘在忠建里治西南一百六十里

木册塘在木册里治西南一百四十里

東鄉汛治東四十五里

忠峝汛治南一百二十里

高羅汛 治南九十里

卷之五

建置志

鋪遞

總鋪鋪司四名

劉家莊鋪鋪司一名自總鋪東行至此二十里

東鄉鋪鋪司一名自劉家莊鋪至此三十里

乾溝鋪鋪司三名自總鋪南行至此十五

里

茅壩鋪鋪司二名自乾溝鋪至此二十五里

東門關鋪鋪司二名自茅壩鋪至此二十里

板寮鋪鋪司二名自東門關鋪至此二十里

高羅鋪鋪司二名自板寮鋪至此二十里

頭道水鋪鋪司三名自高羅鋪至此二十

五里
乾壩鋪鋪司二名自頭道水鋪至此二十
五里
崖脚鋪鋪司二名自乾壩鋪至此二十五
里自此十八里達來鳳峽口寨鋪
忠峝鋪鋪司自頭道水鋪東行至此三十
五里
椒園鋪鋪司四名自總鋪西北行至此二
十里自此北行二十五里達恩施縣乾溪

鋪
倒(?)嵴鋪鋪司二名自椒園鋪至此三十里
大岩壩鋪鋪司二名自倒嵴鋪至此二十
五里
黄草壩鋪鋪司二名自大岩壩鋪至此二
十五里自此二十五里達咸豐向巢壩鋪
共十六鋪設鋪司三十五名
咸豐八年奉文以正月初一日爲始减六
成其餘四成作爲差遞

卷之六　　知宣恩縣事平湖張金瀾監纂

建置志

學校

乾隆元年額設文學三名武學二名至宜昌府搭棚應試因路遠應試寥寥至五十二年始建考棚於施郡嘉慶四年以唐廷招隋世欽二生赴省請廣學額奉文准坐撥府學文武各一名又設廩增各二名四年一貢

學規

順治九年題准刊立卧碑置於明倫

堂之左曉示生員

朝廷建立學校選取生員免其丁粮厚

以廩膳設學院學官以教之各衙門

官以禮相待全要養成賢才以供

朝廷之用諸生皆當上報

國恩下立人品所有教條開列於後

一生員之家父母賢智者子當受教

父母愚魯或有非為者子既讀書明理當再三懇告使父母不陷於危亡

一生員立志當學為忠臣清官書史所載忠清事蹟務須互相講究凡利國愛民之事更宜留心

一生員居心忠厚正直讀書方有實用出仕必作良吏若心術邪刻讀書必無成就為官必取禍患行害人之事者往往自殺其身常宜思省

一生員不可干求官長交接勢要希圖進身若果心善德全上天知之必加以福

一生員當愛身忍性凡有司官衙門不可輕入即有切己之事止許家人代告不許干與他人詞訟他人亦不許牽連生員作證

一爲學當尊敬先生若講説皆須誠心聽受如有未明從容再問毋妄行

辨難為師亦當盡心教訓毋致怠惰
一軍民一切利病不許生員上書陳
言如有一言建白以違
制論黜革治罪
一生員不許糾黨多人立盟結社把
持官府武斷鄉曲所作文字不許妄
行刊刻違者聽提調官治罪
頒發學官經史典籍
乾隆七年奉頒

明史一百一十二本

乾隆十一年奉頒

御纂朱子全書三十本

欽定周易折衷十一本

欽定書經傳說彙纂二十四本

欽定詩經傳說彙纂二十四本

欽定春秋傳說彙纂二十四本

御纂性理精義共五本

乾隆三十三年准

禮部頒發

御製詩文集共八十三本

乾隆四十五年奉頒

御製朋黨論一本

御製樂府一本

御製補笙詩樂譜二本

欽定工部城垣做法一本

欽定工部簡明做法一本

欽定工部則例總目二十一本

道光五年奉頒

欽定大清通禮共十二本

湖北通志六十三本

嘉慶元年正月起至二十五年十二月止奉頒

上諭三十一本

道光元年正月起至十年十二月止

奉頒

上諭三十本

附載學田租稞一處學中公項銀置

葉家渡　　租穀拾八石

卷之六

建置志

書院 舊在文昌宮左今圯前任陳公文炤移建於考棚之右其事未竟今續成之

講堂三間　前門一所　額曰龍洞書院

考棚

頭門三間　東號舍三間　西號舍三間

大堂五間　轉遂三間　東書房二間

西書房二間　一堂五間　東廂房一間

西廂房一間　廚房二 二堂左　倉廒二間 二堂右

賓興館

正屋三間　過廳三間　前門一所額曰鹿鳴賓館

後門一所　小屋三間

書院餘房

起鳳明左店房二間　貞壽坊右店房五間

鄉子玥店房十間

鳳山義學一所設在忠建里乾壩

忠崗義學一所

東鄉義學一所前巡司史敏捐廉置田十畝義館二進前縣主任仝

國選以培風書舍額之有
跋

附載龍洞書院賓興膏火義田

一買業

嘉慶拾三年又五月十五日
宋宏堯弟兄捐買一契施南里地名五把車賣主
張學盛
價銀壹百陸拾陸兩正

嘉慶貳拾五年
宋宏堯唐開洋郭維連石尚忠屈進

忠李治仁聶兆慶唐開第覃長有夏
商成楊大和文應楷鍾毓隋世欽郭
文燦孫志先譚德新覃慶善羅榮程
孫志善等捐買一契地名五把車熟土二坵大小水
田拾玖坵基地園土一並在內賣主
張萬選萬全萬富
租穀拾肆石連上戶
價銀伍伯壹拾伍兩壹錢貳分伍厘
道光貳拾捌年四月二十日
聶正國捐買一契東鄉里地名乾溝塘魚泉坝大小水

田捌拾捌坵後因水打鏵口尖又與黎姓捍業坵程異舊

租穀拾捌石

價錢壹仟零陸拾千文

道光貳拾柒年二月初四日

李啟有捐買李先美一契施南里地名寒池水田大小壹拾陸坵荒熟在內

租穀拾肆石

價錢陸拾貳仟文

又買得羅昌言一契地名關廟門首水田叁坵地基

一所契失 下田平分 又地基租錢捌百文

價錢陸拾陸千文

咸豐二年十一月十二日

買得楊大猷一契 文廟後基園一處

咸豐二年八月二十四日

文錦和覃文彩捐充買賀璁一契 東鄉

里地名海沙縈荒熟水田基地園圃

租穀貳石

價錢陸拾千文

滿貴捐買鍾姓田一契忠建里地名關朝坪水田

一處飛山廟前長田一坵

價錢壹百捌拾壹掛

咸豐玖年五月二十七日

買宋祚鍾一契考棚地基

價錢肆百伍拾千文

又買宋祚鍾一契考棚房屋

價錢壹百伍拾千文

咸豐玖年六月初六日
買薛士榮一契考棚地基
價錢拾伍千文

咸豐玖年六月初十日
買姚華武一契考棚地基
價錢拾伍千文

咸豐拾年二月二十日
買呂向氏一契獅子門基園
價錢伍拾千文

咸豐拾年五月十四日

買覃慶明一契　獅子門地基

價錢叁千貳百文

同治貳年正月

買唐齊飛一契　施南里地名中垻

價錢壹仟壹百千文

同治貳年十二月

當鄭宗明二契　施南里地名龍洞喜頭

價錢共陸百千文

宣恩縣志 卷之六

五

一當業

聶正國捐充得當王姓業一契契失未接到廸

南里地名卧犀坪

租穀貳石八斗　價錢陸拾千文

姚再華捐充當業一契地名白菓垻水田貳拾坵無契

外並充羅福隆借項拾千又日後並贖

租穀肆斗　價錢叁拾千文

羅正興捐充當業一契地名香樹嶺水田拾壹坵契存

租穀捌斗　價錢拾玖千文

羅亨琨捐當業三契地名响水溝水田六坵屋後熟土壹幅無契在東鄉里

租穀捌斗　價

陳士選捐當李世芳一契東鄉里地名蒲戈塘水田叄坵契存

租穀五斗　價錢拾陸千文

宋楚倫捐當張光貴一契地名芝麻田水田一沙坪一契存

租穀肆斗　價錢肆千捌百文

王朝貴捐當鄒世祥一契東鄉里地名貓子庄水田

基園一所

租錢捌百文　價錢貳拾千文

彭志松捐當業玖契東鄉里地名連三堡寨業灣荒熟山土一處

租錢叁千六百文　價共柒拾千零四百文

楊大魁捐當一契

價

楊正文捐當一契東鄉里地名三眼泉林家堡土貳塊

租穀五斗價

姚正才捐當一契東鄉里地名姚家台雙尖岩

租錢六百文價

觀音山捐當一契施南里地名水田壩

租包穀三斗價

温志華捐當一契石虎里地名大岩壩

租包穀三斗六升價

石金才捐當一契高羅里地名馬鹿塘大灣

租包穀壹斗價

卷之七

典禮志

禮節

文廟樂章之七

迎神　昭平之章

大哉孔子。。先覺先知。。與天地參。

萬世之師。。祥徵麟紱。。韻答金絲。。

日月既揭。。乾坤清夷。。

初獻　宣平之章有舞

予懷明德○玉振金聲○生民未有○

展也大成○俎豆千古○春秋上丁○

清酒既載○其香始升○

亞獻　秋平之章　有舞

式禮莫愆○升堂再獻○響協鼗鏞○

誠孚罍甗○肅肅雍雍○譽髦斯彥○

禮陶樂淑○相觀而善○

終獻　叙平之章　有舞

自古在昔○先民有作○皮弁祭菜●

於論思樂○惟天牖民○惟聖時若○
彝倫攸叙○至今木鐸○
徹饌　懿平之章
先師有言○祭則受福○四海黌宮○
疇敢不肅○禮成告徹○毋疏毋瀆○
樂所自生○中原有菽○
送神　德平之章
凫繹峩峩○洙泗洋洋○景行行止○
流澤無疆○聿昭祀事○祀事孔明○

化我烝民○育我膠庠○

武廟樂章○

○迎神○　格平之章○

懿鑠兮焜煌○神威靈兮赫八方○偉
烈昭兮累禩⊗祀事明兮永光○達精
誠兮黍稷馨香○儼如在兮洋洋○

初獻○　翌平之章○

英風颯兮格思○紛羽葢兮龍旂○斟
桂醑兮盈卮○香始升兮明粢○惟降

在戠

鑒兮在兹。流景祚兮曅昌時。
亞獻。恹平之章。
觴再酌兮告虔。舞干戚兮合宮懸。
歆苾芬兮潔蠲。扇巍顯翼兮神功亶。
終獻。靖平之章。
鬱鬯兮三申。羅籩篚兮畢陳。儀卒
度兮肅明禋。神降福兮宜民宜人。
徹饌。彝平之章。
物惟備兮咸有。明德維馨兮神其嘗。

告徹兮禮終罔咎。佑我家邦兮孔厚。

送神。康平之章。

幢褋葳蕤兮神聿歸。駿鳳軫兮驂虬騑。降烟熅兮餘紛霏。顧回靈眙兮德洽明威。

望燎。辛平之章。

焄蒿烈兮燎有煇。神光遙爥兮祥雲霏。祭受福兮茂典無違。庶揚駿烈兮永奠疆畿。

旌戾止
秉氣兮
兮靈翌
秉氣兮靈
潘坏玉

文昌宮樂章。

迎神。 丕平之章。

霽秉氣兮靈躔。翌文運兮赫中天。蜺旌兮戾止。雕俎兮居虡。迓神庥兮于萬斯年。

初獻。 敉平之章。

神之來兮籩簋是陳。神之格兮几筵式覲。極昭彰兮靈貺。致蠲潔兮明禋。升香兮伊始。居歆兮佑我人民

亞獻。　[illegible]平之章。

再酌兮瑤觴。燦爛兮庭燎之光。申虔禱兮神座。儼陟降兮帝旁。粢醴潔兮齋遬將。綏景運兮靈長。

終獻。　衣　煜平之章。

禮成三獻兮樂奏三終。覃敷元化兮繄神功。馨香達兮肸蠁通。歆明德兮昭察寅衷。

徹饌。　懿平之章。

備物兮惟時。告徹兮終禮儀。神悅
懌兮鑒在茲。垂鴻佑兮景洽重熙。
送神。　蔚平之章。
雲駢駕兮鳳旂揺。神之歸兮天路遥。
瞻翠葆兮企丹霄。顧廻靈眷兮福我
朝。
望燎。　卒平之章。
氤氳降兮先氣和。神先燭兮梓橦之
阿。祀我者定兮櫜弓戢戈。文治光

公受福則那

先師位前陳設　太牢　牛一羊一豕一

白磁爵三件　木鉶三件

木登一個　木簠三件

木簋三件　竹籩十個

木豆十個　磁酒罇一件

鑪一件　鐙一件

四配位前陳設　少牢各羊一豕一

白磁爵各三共十二件

木鉶各二共八件
木簠各二共八件
木簋各二共八件
竹籩各二共八件
木豆各二共八件
磁酒罇一件　鑪一件
鐙二件
十二哲位前陳設　少牢東西各羊一豕一
東六位六案　西六位六案

白磁爵十二件　木簠十二件

木簋十二件　木鉶十二件

木豆十二件　竹籩四十件

磁酒罇一件

先賢位前陳設　少牢　羊二豕二

先儒案前陳設　少牢　羊一豕一

銅爵各一共一百二十二件

木簠各一共十二件

木簋各四共六十件

磁酒罇一件

崇聖祠陳設五案每案　少牢各一　羊一　豕一

白磁爵各三共十五件

木鉶各二共十件

木簠各二共十件

木簋各二共十件

竹籩各八共四十件

木豆各八共四十件

磁酒罇一件

配位陳設四案每案
銅爵各三共十二件
木簠各一共四件
木簋各一共四件
竹籩各四共十六件
木豆各四共十六件
磁酒罇一件
兩廡陳設二案每案
銅爵各三共六件

木簠各一共二件
木簋各一共二件
竹籩各四共八件
木豆各四共八件
磁酒罇一件
合壇廟陳設詳於儀贊中不另載

文廟正殿祝文

維某年　月　日某官某致祭於
至聖先師孔子之神曰惟

先師德隆千聖道冠百王揭日月以常行
　自生民所未有屬
文教昌明之會正禮樂和節之時辟雍
鐘鼓咸恪薦於馨香泮水膠庠益致
嚴於籩豆粢當仲春秋祗率彝章肅展
微忱聿將祀典以
復聖顏子
宗聖曾子
述聖子思子

亞聖孟子配尚

饗

崇聖祠祝文

維某年　月　日某官某致祭於

肇聖王

裕聖王

貽聖王

昌聖王

啟聖王之神曰惟

先賢 顏春劉賢

王奕葉鍾祥光開聖緒盛德之後積久彌
昌凡聲教所覃敷率循源而溯本宜
肅明禋之典用伸守土之忱茲届仲
春秋聿修祀事配以
先賢顏氏
先賢曾氏
先賢孔氏
先賢孟孫氏尚
饗

忠義神武靈佑仁勇威顯護國

武廟正殿祝文 此文咸豐六年新頒

維某年　月　日某官某致祭於

忠義神武靈佑仁勇威顯護國保民綏靖

關聖帝君之神前曰惟

神星日英靈乾坤正氣允文允武紹聖

學於千秋至大至剛顯神威於六合

仰聲靈之赫濯崇典禮於馨香茲當

仲春秋用昭時饗惟祈

昭格克鑒精虔尚

饗

武廟後殿祝文　此文咸豐六年新頒

維某年　月　日某官某致祭於

關帝之

曾祖光昭王

祖裕昌王

父成忠王之神曰惟

王世澤覃庥令儀裕後靈鍾河嶽篤生神

武之英誠溯淵源宜切尊崇之報班

爵超躬桓而上丹香肅俎豆之陳茲
際仲春秋爰修祀事尚祈
昭鑒式此苾芬尚
饗
五月十三日正殿祝文此文咸豐六年新頒
維某年　月　日某官某致祭於
忠義神武靈佑仁勇威顯護國保民綏靖
關聖帝君神位前曰惟
神九宇承庥兩儀合撰崧生嶽降溯誕聖

之靈衣日午天中届仈台之令序聰

明正直一着也千秋徵肸蠁之隆威

德大業至矣哉六幕肅馨香之薦爰

循懋典式展明禋苾芬時陳精誠

鑒格尚

饗

後殿祝文此文咸豐六年新頒

維某年　月　日某官某致祭於

關帝之

曾祖光昭王
祖裕昌王
父成忠王之神曰惟
王廸德承家累仁崧生嶽降識毓聖之有
基木本水源宜推恩之及遠封爵特
超於五等馨香永薦於千秋際仲夏
之屆時命禮官而將事惟祈
昭格鑒此精虔尚
饗

文昌廟正殿祝文此文咸豐七年新頒

維某年　月　日某官某致祭於

文昌帝君之神曰惟

神道闡苞符性敦孝友並行並育德侔天

地以同流乃聖乃神教炳日星而大

顯仰鑒觀之有赫示明德之惟馨茲

當仲春秋用昭時享惟祈

歆格克鑒精虔尚

饗

後殿祝文此文咸豐七年新頒

維某年　月　日某官某致祭於

文昌帝君先代之神曰惟

帝君道備中和神超亭毒稟貽謀而允紹

欽毓聖之有基雲漢昭回際嶽降嵩

生之會馨香感格興水源木本之思

式肇明禋用光彝典尚祈

神鑒享此清芬尚

饗

維某年　月　日某官某致祭於

社稷之神曰惟

神奠安九土粒食萬邦分五色以表封圻

育三農而蕃稼穡恭承守土肅展明

禋時值仲春秋敬修祀典庶芃芃松柏

鞏磐石於無疆翼翼黍苗佐神倉於

不匱尚

饗

維某年　月　日某官某致祭於

先農之神曰惟

神肇興稼穡粒我烝民頌思文之德克配

彼

天念率育之功常陳時夏茲當東作咸服

先疇洪惟

九五之尊歲舉

三推之典恭膺守土敢忘勞民謹奉彝章

聿修祀事惟願五風十雨嘉祥恒沐

於

神庥庶幾九穗雙歧上瑞頻書於大有尚

饗

維某年　月　日某官某致祭於

風雲雷雨

宣恩縣境内山川之神

宣恩縣城隍之神曰惟

神贊襄天澤福佑蒼黎佐靈化以流行生

成永賴乘氣機而鼓盪愠庸攸宜磅

礴高深長保安貞之吉憑依鞏固實

資捍禦之功幸民俗之殷盈仰

神明之庇護恭修歲祀正值良辰敬潔

豆籩祇陳牲幣尚

饗

維某年　月　日某官某致祭於

龍王之神曰惟

神德洋溟海澤潤蒼生永裏水土之平經

流順軌廣濟泉源之用膏雨及時績

奏安瀾占大川之利涉功資育物欣

庶類之蕃昌仰藉
神庥宜隆報享謹修祀典式協良辰敬布
几筵肅陳牲幣尚
饗
文廟贊禮
祭之日鷄初鳴各官豫集於明倫堂
均朝服昧爽贊禮生二人引承祭官
由大成左側門入又禮生八人分引
兩序兩廡分獻官隨入至階下之東

盥手畢引至階下拜位前立引班引陪祭官由左右側門入各就拜位序立典儀唱樂舞生登歌執事者各司其事文舞六佾進贊禮生贊就位承祭官分獻官陪祭官各就位立典儀贊迎

神司樂贊舉迎

神樂奏昭平之章樂作贊禮生贊就上香位引承祭官升東階入殿左門贊

詣

先師香案前跪承祭官跪行一叩禮興贊

上香司香跪奉香承祭官上炷香三

上辦香跪行一叩禮興贊不贊以次詣

四配位前跪上香儀同贊襄位引承祭

官退降階復位初迎

神時贊禮生分引東西序分獻官各一

人升東西階入殿左右門詣

十二哲位前跪上香退降階復位引兩

廡分獻官東西各二人分詣

先賢

先儒位前跪上香退復位均如前儀贊禮生贊跪叩興承祭官分獻官暨陪祭官均行三跪九叩禮興樂止典儀贊奠帛爵行初獻禮贊奏宣平之章舞羽籥之舞樂作贊禮生引承祭官升階贊詣

先師位前贊跪承祭官跪行一叩禮興司

帛跪奉篚承祭官受篚拱舉奠於案
司爵跪奉爵承祭官受爵拱舉奠於
墊中跪行一叩禮興不贊贊禮生贊就
讀祝位引承祭官至殿中拜位立贊
跪承祭官分獻官暨陪祭官皆跪贊
讀祝跪讀祝文讀畢奉祝版跪安
先師位前篚內三叩興退樂作贊跪叩興
承祭官分獻官暨陪祭官均行三叩
禮贊禮生引承祭官以次詣

四配位前跪奠帛獻爵儀同退降階復
位退及殿左門出降階復位見舊通禮贊禮生分引兩
序分獻官詣
十二哲位前跪奠帛獻爵降階復位均
如前儀引兩廡分獻官詣
先賢
先儒位前奠帛獻爵復位儀同樂止亞
獻奏秩平之章舞同初獻樂作贊禮生引
承祭官升階贊詣

先師位前暨
四配位前奠爵於左如初兩序兩廡隨
分獻畢均復位樂止終獻奏敘平之
章舞同亞獻樂作引承祭官升階奠爵於
右如亞獻儀兩序兩廡隨分獻畢均
復位樂止文德之舞退典儀贊飲福
受胙贊禮生贊詣受福胙位引承祭
官至殿中拜位立奉福胙二人自東
案捧福胙至

先師位前拱舉退立於承祭官之右接福
胙二人自西案進立於左贊禮生贊
跪承祭官跪贊飲福酒右一人跪遞
福酒承祭官受爵拱舉以授於左接
以興次受胙如飲福酒之儀贊叩興
承祭官三叩興贊復位引承祭官退
降階復位贊跪叩興承祭官分獻官
暨陪祭官均行三跪九叩禮興典儀
贊徹饌奏懿平之章樂作徹畢樂止

贊送

神奏德平之章樂作贊禮生贊跪叩興

承祭官分獻官暨陪祭官行三跪九

叩禮興樂止典儀贊奉祝帛饌送燎

有司各奉祝帛香饌恭送燎所如儀

承祭官避立拜位西旁俟過復位樂

作贊禮生引承祭官詣燎所視燎畢

仍引由左側門出樂止陪祀各官皆

退

崇聖祠贊禮

上丁同時致祭正獻以教官兩廡分獻以食餼弟子員各一人贊禮生引承祭官入祠垣左門引分獻官隨入承祭官詣階下盥手典儀贊執事者各司其事贊禮生贊就位承祭官分獻官就位立典儀贊迎

神司香奉香盤就各案前立贊禮生贊就上香位引承祭官升東階入殿左

門贊詣

肇聖王位前跪承祭官跪行一叩禮興贊

上香司香跪奉香承祭官上炷香三

上瓣香跪行一叩禮興不贊次詣左右

正位前跪上香儀同降階復位贊禮

生引分獻官卅東西階入殿左右門

分詣四配兩廡位前跪上香如儀降

階復位贊禮生贊跪叩興承祭官分

獻官行三跪九叩禮興典儀贊奠帛

爵行初獻禮贊禮生引承祭官升階
贊詣
中案前跪承祭官行一叩禮興司帛跪奉
篚承祭官受篚拱舉奠於案司爵跪
奉爵承祭官受爵拱舉奠於墊中跪
行一叩禮不贊以次詣左右正位案前
跪奠帛獻爵儀同贊禮生贊就讀祝
位引承祭官詣殿中拜位立司祝至
祝案前跪三叩奉祝版跪案左贊跪

承祭官分獻官皆跪贊讀祝司祝讀
祝文讀畢興奉祝版跪安
肇聖王位前篚內三叩興退贊禮生贊跪
叩興承祭官分獻官行三叩禮興贊
復位引承祭官出降階復位贊禮生
引正殿分獻官升東西階入殿左右
門詣配位前引兩廡分獻官分詣兩
廡位前跪奠帛獻爵興復位均如正
獻儀亞獻各獻爵於左終獻各獻爵

於右均如初儀典儀贊徹饌有司徹
饌畢贊送
神贊禮生贊跪叩興承祭官分獻官行
三跪九叩禮興典儀贊奉祝帛饌送
燎司祝司帛司香司爵各奉祝帛香
饌以次恭送燎所如儀承祭官避立
西旁俟過復位贊禮生引詣燎所視
燎贊禮畢仍引由祠垣左門出各退

武廟儀贊

設樂階西

祭之日昧爽廟祝潔掃殿宇内外具

祝版備器陳

神位前陳牛一、羊一、豕一、登一、鉶二、簠

簋各二、籩豆各十、鑪一、鐙二、殿中設

一案少西北向供祝版東設案一陳

禮神制帛一白色香盤一尊一爵三凡

牲陳於俎帛實於篚尊實酒羃勺具

設樂於西階設洗於東階上承祭官

拜位在殿内正中執事各以其職為

位賛明承祭官朝服詣廟賛禮生二
人引承祭官由廟左門入至東階上
盥手畢進殿東門詣拜位前立典儀
賛執事者各司其事賛禮生賛就位
引承祭官就位立典儀賛迎
神樂作賛禮生賛詣上香位引承祭官
就香案前立賛上香司香跪捧香承
祭官上炷香三上瓣香畢賛復位引
承祭官復位立賛跪叩興承祭官行

爵跪案興

三跪九叩禮興典儀贊奠帛爵行初
獻禮有司揭尊冪勺挹酒實爵司帛
捧篚司爵捧爵進至
神位前司帛跪奠篚三叩興司爵立獻
爵於案正中各退司祝詣祝案前跪
三叩興捧祝版跪案左樂暫止贊禮
生贊跪承祭官跪典儀贊讀祝司祝
讀祝文讀畢興以祝版安於篚叩如
初興退贊禮生贊跪叩興承祭官行

三叩禮興典儀贊行亞獻禮司爵獻
爵於左贊行終獻禮司爵獻爵於右
均如初獻儀典儀贊徹饌有司徹畢
贊送
神贊禮生贊跪叩興承祭官行三跪九
叩禮興樂止典儀贊捧祝帛饌送燎
有司捧祝帛香饌以次送燎贊望燎
贊禮生引承祭官詣燎位視燎禮畢
樂止承祭官及執事者皆退

簠簋籩鑪

同日祭後殿
光昭王位中
裕昌王左
成忠王右均南向位各異案每案羊一豕
一鉶二簠簋各二籩豆各八鑪二鐙
二殿中設案少西北向供祝版東西
各設一案分陳禮神制帛三白色香盤
三爵九尊三俎篚冪勺具設洗於後
垣門內甬通東承祭官位殿檐下正

中執事人各以其職爲位如常儀質明承祭官由前左門入後垣中門盥手升階就位迎
神引詣正位前上香畢以次詣左右位前上香復位行二跪六叩禮初獻讀祝文讀畢凡儀節皆與前同

文昌廟儀贊

歲以二月三日暨仲秋月諏吉致祭具祝版備器陳設洗辨位設樂均與

關帝祝版

祭

關帝廟同

祭之日昧爽廟祝潔掃殿宇内外具

祝版備羃陳

神位前陳牛一羊一豕一登一鉶二簠

簋各二籩豆各十鑪一鐙二殿中設

一案少西北向供祝版東設案一陳

禮神制帛一白色香盤一尊一爵三凡

牲陳於俎帛實於篚尊實酒羃勺具

設樂於西階設洗於東階上承祭官
拜位在殿內正中執事各以其職為
位質明承祭官朝服詣廟贊禮生二
人引承祭官由廟左門入至東階上
盥手畢進殿東門詣拜位前立典儀
贊執事者各司其事贊禮生贊就位
引承祭官就位立典儀贊迎
神樂作贊禮生贊詣上香位引承祭官
就香案前立贊上香司香跪捧香承

祭官柱神

祭官上柱香三上瓣香畢贊復位引
承祭官復位立贊跪叩興承祭官行
三跪九叩禮興典儀贊奠帛爵行初
獻禮有司揭尊冪勺挹酒實爵司帛
捧篚司爵捧爵進至
神位前司帛跪奠篚三叩興司爵立獻
爵於案正中各退司祝詣祝案前跪
三叩興捧祝版跪案左樂暫止贊禮
生贊跪承祭官跪典儀贊讀祝司祝

讀祝文讀畢興以祝版安於篚叩如
初興退贊禮生贊跪叩興承祭官行
三叩禮興典儀贊行亞獻禮司爵獻
爵於左贊行終獻禮司爵獻爵於右
均如初獻儀典儀贊徹饌有司徹畢
贊送
神贊禮生贊跪叩興承祭官行三跪九
叩禮興樂止典儀贊捧祝帛饌送燎
有司捧祝帛香饌以次送燎贊望燎

贊禮生引承祭官詣燎位視燎禮畢
樂止承祭官及執事者皆退
文昌廟後殿陳設籩數及行禮儀節均
與祭
關帝廟後殿同
社稷壇儀贊
歲以春秋仲月上戊日致祭前期主
祭官暨陪祭官執事人各於公廨致
齋三日掃除

壇壝內外具祝版備罷陳祭之前夕飭掌
饌潔備品物置案於
神廚設香燭眡割牲官公服詣案前上
香行三叩禮畢宰人牽牲告腯遂割
牲以豆取毛血瘞於坎及祭日鷄初
鳴執事人入設案一於
壇上正中北向陳鉶二實和羹簠二實稻
粱簋二實黍稷籩四實形鹽棗栗鹿
脯豆四實菁菹鹿醢芹菹兔醢若不

能俎

能備各就土所有以其類充案前設俎陳羊一豕一又前設香案一陳祝文香盤鑪鐙左設一案東向陳篚一實帛二尊一爵六又設福胙於尊爵之次司祝一人司香帛二人司爵二人位案西東面階下之東設洗當階爲主祭官拜位其後為陪祭官拜位文東武西通贊二人位階下左右均東西面漏未盡主祭官及陪祭官朝

服畢集

壇外引贊二人引省齍官入

壇徧眡牲罍酒齊饌省告潔退左右引班

二人引陪祭官入東西序立東班西

面引贊二人引主祭官入至階下盥

手適贊贊執事者各司其事贊就位

引贊引主祭官引班引陪祭官咸就

拜位立贊迎

神引主祭官外詣香案前跪司香跪奉香

主祭官三上香興贊復位引主祭官
降階復位立贊跪叩興主祭官暨陪
祭官行三跪九叩禮贊初獻引主祭
官升詣
神位前跪司帛跪奉篚主祭官受篚恭獻
仍授司帛興奠於案司爵跪奉爵主
祭官受爵恭獻仍授司爵興分詣
社
稷位前各奠正中退贊讀祝引主祭官

詣香案前跪陪祭官皆跪司祝三叩
興奉祝文跪於右讀祝讀畢三叩興
以祝文復於案退贊叩興主祭官暨
陪祭官三叩興贊復位立贊亞獻引
主祭官升詣
神位前獻爵於左贊終獻獻爵於右均如
初獻儀贊
賜福胙引主祭官升詣香案前跪司爵跪
進福酒於右主祭官受爵拱舉司爵

神贊

接爵興司饌跪進豆内於左主祭官
受豆拱舉司饌接豆興各退贊叩興
主祭官三叩興贊復位引主祭官復
位立贊送
神贊跪叩興主祭官曁陪祭官行三跪九
叩禮贊徹饌執事官徹饌贊瘞祝帛
執事官奉祝次香次帛次饌詣瘞所
禮畢各退
先農壇儀贊

歲以仲春亥日致祭（或用季春）主祭官曁
陪祭官及各執事人均如祭
社
稷之禮先二日主祭陪祭執事各官致齋
公所掃除
壇上下祭日鷄初鳴執事人入設
先農神案於
壇正中南向陳鉶一簠一簋二籩豆各
四案前設俎陳羊一豕一又前設香

案一陳祝文香盤鑪鐙左設一案東
向陳帛一尊一爵三陳福酒胙肉於
尊爵之次設洗於階下之東
儀注質明引班引陪祭官入引贊引
主祭官入通贊贊執事者各司其事
贊就位引主祭官至階下盥手畢就
拜位立陪祭官案班就東西拜位立
均北面迎
神上香讀祝行三獻禮讀祝文餘儀與祭

社稷同祭畢率屬行耕耤禮

耤田在

先農壇側有事

先農之日知縣率在城文武耕耤是日知

縣眡土宜備穀種青箱朱鞭耒服耜

黝牛及他農器耕耤隸陳耕所耆老

率農夫披蓑戴笠竢於田間通贊學

弟子員分立田首又向

闕張畫屏設香案一南向通贊立香案

之南引班訓導立通贊之南皆西面

致祭　特授湖北施南府

先農禮畢各官易蟒袍詣籍田通贊行

耕籍禮知縣以下就耕所執事者授

耒耜與鞭皆右秉耒左執鞭進耕知

縣以耆老一人執種箱吏一人播種

皆耆老一人牽牛農夫二人扶犁各

九退九返畢釋鞭耒以次序立田首

西向北上農夫遂終畝告畢事各官

補服望
闕立通贊贊齊班引班分引各官至香
案前按班序立重行北面耆老農夫
稍遠列行北面隨立贊跪叩興行三
跪九叩禮興各退
各神祇儀贊
歲春秋仲月諏吉致祭知縣主之在
城文武各官皆興設案一於壇正中
南向

雲雨風雷之神位居中
宣恩縣境内山川之神位左
宣恩縣城隍之神位右案陳鉶一簠二
簋二籩豆各四案前設俎陳羊一豕
一又前設香案一陳祝文香盤鑪鐙
西設一案陳帛七尊一爵二十有一
福酒胙肉於尊俎之次
儀注祭日有司供具執事人預入序
立引班引陪祭官入引贊引主祭官

入通贊贊執事者各司其事贊就位
引主祭官至階下盥手就拜位立陪
祭官按班就東西拜位立均北面迎
神上香讀祝行三獻禮讀祝文餘儀
節與祭
社稷同
歲孟夏後諏吉雩祭陳設儀注同前

萬嘉誠

文廟禮

卷之七

典禮志

祠宇

崇聖祠大成殿後

大殿三間

城隍廟

大殿三間　東廊五間　西廊五間

寢殿三間　戲樓三間　廟門一所

火神廟在縣署右

大殿三間　戲樓三間　廟門一所

龍王廟　前邑令梅公雲官建今圮

大殿三間　廟門一所

蕭曹祠　在縣署大堂左旁

名宦祠　在大成門左旁

鄉賢祠　在大成門右旁

昭忠祠　在賓興館前廳東次間

節孝祠　在賓興館前廳西次間

卷之八　　知宣恩縣事平湖張金瀾監纂

典禮志

寺觀

萬壽宮　縣南江西街

觀音殿　同前

南嶽宮　縣東南小東門

財神廟　縣東鹽店巷

魁星樓　縣東東門外

鎮江閣　同前

張王廟　縣東里許

青龍寺　縣東里許

天王廟　縣西二里

祖師廟　縣後三里即吕寺

老關廟　縣東門外

馬鞍山寺　縣東八里

獅子岩寺　縣西北二十里施南里

靈岩山寺　縣南四十里

延禧寺　郡志載在縣東

迴龍寺在天馬山前

觀音寺在縣西花溪一在縣北

福興寺在縣花溪

東門關廟縣南六十里東鄉里

東鄉鎮關廟鐵像縣東五十里東鄉里

獅子關關廟縣東南二十五里

獅子山觀音堂縣南八十五里高羅里

迴龍寺縣南九十五里高羅里

田太翁祠在高羅里縣南九十里太翁本司尚長

太白祠　縣南九十五里舊在玉柱峯上久圯今建李溪

龍溪龍王廟　縣南九十五里高羅里

觀音洞廟　縣南一百二十里高羅里乾溪

乾壩關廟　縣西南一百四十里忠建里

朝陽觀　在縣高羅司二十里

下高羅禹王廟　縣南九十五里高羅里

岩鳳頭山寺　縣西南一百七十里

佛潭寺　縣西南一百七十里忠建里與來鳳縣交界處

上峝坪禹王廟　縣西一百二十里木册里

凌雲山關廟　銅像縣西一百三十里木冊里

畲道溝禹王廟　縣南一百二十里忠崗里

桃子岔關廟　縣南一百二十里忠崗里

老城關廟　唐時建縣南一百四十里忠崗里

南禪寺　縣西七十里小關石虎里

禹王廟　縣西七十里小關石虎里

宣恩縣志〈卷之八

三

卷之八

典禮志

冢墓

昭武都尉麻光裕墓在治東九十里東鄉里大平

竹谿教諭陳文雄墓在治西二里白虎堡天王朝前

拔貢覃珍光墓

棗陽訓導覃長有墓在治西貓兒堡

福建南靖典史唐廷拔墓在治東三里棉煞壩

國學生宋永炣墓在治南石廠溝

保舉知縣邑增生宋宏暍墓在治南牛郎崗

拔貢朱一點墓在治南一百三十里忠崗里地名承啓灣

拔貢彭泗源墓在治南五十里東鄉里洗馬坪

流寓墓

江南舉人徐廷璋墓在治南九十里高羅里地名田灣溝

湖南辰州庠生覃珹墓在治後花園堡

湖南澧州石門庠生覃樹堂墓在治東口十五里東里新司河龍角堡前

典史饒成望正室宋氏墓在縣南龍神堡

幕賓祁光祖浙江山陰人墓在縣東保虞山方姓屋後

義塚四處

一在施南里一甲西門外地名白虎堡此載郡志

一在施南里一甲西門外迎恩橋前地名二台坪

一在高羅里一甲汎左義地灣

一在忠崗里畬道溝場頭新寨梁

卷之九　知宣恩縣事平湖張金瀾監纂

風土志

俗尚

士敦樸實俗尚節儉

冠禮惟紳士家間或行之餘則於婚禮合卺之前夕行之名曰告祖

婚禮始以酒脯香燭求取草八字謂之落話繼而具儀物送女家填紅庚謂之行茶下定長成納采請期謂之過禮豐儉

隨力親迎男家請童男十人陪郎謂之十弟兄女家請童女十人陪女謂之十姊妹其團養在家貧不能延客者每於除夕祀先祖時令男女結納完婚亦儉而中禮

喪禮間有用文公家禮者有儒釋兼用者有專用佛事者紳士家葬後三日親黨具酒醴殽饌奠於坟謂之三朝復山蓋謝土之意在鄉僻處者惟致哀戚不嫺

禮節

祭禮惟大姓有祠堂祭田者每歲清明以牲醴祭之謂之清明會冬至亦然其無祠田則薦於寢而已清明上坟以皮紙作標挿坟頂席地而飲亦有立冬後上坟者但具牲醴化紙錢謂之送寒衣

童蒙讀書至十月散館有志者再上學至臘底止謂之冬學

鄉人於農隙之後以獵獸捕魚為事

耕種田土每換工交作夏時耘耨邀多人併力耘之選善唱田歌者鳴鑼擊鼓一唱一和謂之打鑼鼓好事親隣每於日午用爆竹餉以酒食耘者愈力謂之掛鼓

女工善紡不善織各村市有機坊皆機工織之採桑績蔴亦婦女事

習俗不尚服飾男女多用青藍布包頭鄉間婦人饁餉野外負簍於背上山斧柴

下種耨草有襁褓兒女置簍中掛樹間啼則乳之

正月元旦夙興盥沐焚香祀祖先放爆竹出行觀雲色以占年歲豐歉西北有紅雲氣則稔詣神祠拜祝親友相賀禁掃除三日謂之不出財

元宵前數日城鄉多剪紙爲燈揀十歲以下童子扮演迎之

元宵迎龍燈各家以爆竹擲迎者忍痛不

顧猶以為樂蓋餘習焉

春社作米粢祭社神曰社粢值戊日禁止

犁鋤新坟祭掃不過社三月三摘地菜

花和作飯曰做節氣

清明揷柳葉於門簪柳於首曰辟毒疫挈

榼提壺上坟祭掃挂楮錢於坟樹祭畢

席地而飲

穀雨桐花開穀下種云窮人莫聽富人哄

桐子開花纔下種是日喜雨曰光清明

暗穀雨

五月端午競渡各家懸艾於門飲菖蒲酒
食角黍以雄黃點小兒額及手足心云
辟疫采百草煎湯合家澡洗云辟瘡疥
鄉村以初五日為小端午十五日為大
端午其俗自漢伏波始

六月六日曝衣服書籍喜晴諺云六月六
日陰牛草貴如金六月六日晴牛草吃
不羸是月逢卯日嘗新穀尚魚曰有餘

不食鷄不食苦菜以音類飢苦也

七月七日看雲色謂之看巧雲以天河去來久暫占秋收豐歉諺云天河搭屋脊家家有飯吃

中元前三日各家具酒饌祭祖先男婦序拜如事生禮十四日焚楮錢送之

八月初二日鄉城街祭社報土功

中秋食月餅棗栗胡桃彼此相餉有艱於子者親友竊隣圃南瓜取生男之義藉

以紅綾鼓樂送往主人具酒饌以待明
年生子延宴相酧是夜宜月明諺云中
秋月不明雨打上元燈
九月九日士人携酒登高搗粉為糕又鄉
俗以十九日為大重陽
十月朔至十六日皆宜霜俗謂之一斤霜
卜來年木棉旺
十一月初一十一二十一占次年穀價物
價諺云風打秤雨打斗

十二月二十四日曰小年亦曰小除日祀灶神戒妄言謂之謝灶掃除屋宇曰打揚塵殺猪鷄以祀祖先曰祭年親友互相餽送曰送年節除日潔治酒饌祀祖先曰燒年紙除夕合家聚食曰年更飯曰團年或早或晚各家不同長幼次第揖拜親友互相來往曰辭年多炊米飯曰隔年飯曰壓甑飯每歲元宵小除夕家家坟上送灯遠望如星燦是夕圍爐

宴集爆竹金鼓比户相聞自夜達旦曰

守歲

宣恩縣志卷之九

卷之九

風土志

户口

古者生齒之數皆書於版登於天府

王拜受之重民數也

國家休養生息户口益繁丁銀入賦永

不加增山陬海澨皆飲和食德之傳

也謹查改土案内乾隆三年勘出人

八百丁於欽奉

上
諭事案內詳請
題准部覆照康熙五十二年滋生人丁之例免派丁銀乾隆六年編審滋生人丁二百一十五丁乾隆十一年編審增益滋生人丁二百十五丁乾隆十六年編審增益滋生人丁二百四十四丁乾隆二十一年編審增益滋生人丁二百七十七丁乾隆二十六年編審增益滋生人丁一百零三

丁乾隆三十二年編審增益滋生人
丁二百三十八丁六届共增益滋生
人丁一千一百九十八丁欽奉
恩詔永不加賦五年編審一次於乾隆三
十七年七月内奉准
通政司咨乾隆三十七年六月内内
閣抄出奉
上諭五年編審不過沿襲虚文無裨實政
嗣後編審之例永行停止又乾隆二

十六年届當五年編審適奉文停止
造報新墾粮銀應攤丁銀奉准户部
咨覆隨年攤徵嗣奉
上諭丁粮一事仍悉其舊復經詳請准
部覆湖北民賦新墾地畝應派丁銀
係按粮陞科則派算歸於五年編審
具題其題報五年編審人丁之例既
已停止似可毋庸專案具題至攤派
丁銀欽奉

上諭悉仍其舊亦仍以五年一次彙造攤
徵丁册隨同送部以備查核
施南府志宣恩縣土民二千一百六
十九户一萬五千六百四十二口客
民三千七百四十六户二萬五千零
四十三口乾隆四十年查造加增土
民二萬三千八百三十七户客民九
千九百四十户共一十五萬零四百
五十丁口

乾隆五十七年查土著流寓大小男

婦共一十六萬零一百九十六丁口

卷之十　知宣恩縣事平湖張金瀾監纂

風土志

土宜

地黄土赤墳山多土瘠境内播種穀屬惟
包穀最多地不擇肥磽播不忌晴雨肥地
勿用淤糞唯鋤草而已但積貯倉箱不匝
歲間即蟲腐焉凡七里高處無水源所在
均宜種包穀種以清明始收以九月止豆
粟高粱亦如之如東鄉里之椿木營忠峝

里之烏脊嶺等處均宜種洋芋蓋陰寒過
甚五穀不生亦就土之所宜也如高羅里
之九間店忠建里之經歷寨等處宜稻宜
甘藷近邑平地宜稻稻種有早遲社前下
種謂之社秧清明下種謂之清明秧揷以
芒種為止最早者曰百日早百日即熟矣
次曰麻早處暑後收最遲者曰馬尾粘其
穗長結實繁碩白露後收至山田地高水
寒遲至霜降節收謂之溪水穀雜糧名目

甚多收成在七八九十月間不等田無頃畝以種穀之石斗升合計之宣民居低山者除稻穀外以甘藷為接濟正糧居高山者除包穀外以洋芋為接濟正糧遇歲荒則挖蕨度日謂之開土倉桑葉與下江種不同亦不多見鄉中間有飼蠶者獨不宜種棉花以地氣太寒故耳藥材隨在皆出土人亦未能盡識之栽者僅厚朴而已此其大概焉

宣恩縣志 卷之十 八 二

卷之十

風土志

物産

穀屬俱有惟包穀最多本草名王蜀黍江浙人名如米俗名包穀

甘藷即山菇又名番薯有紅白二種味與下江種較甘山地多種之

洋芋東鄉椿木營忠嵩烏脊巔等處最多實大常芋數倍味則遜之山民聊以備

荒

芋有水旱二種旱芋山地可種水芋水田種之農家藉以助飽所謂種芋三十畝省米三十斛者信然又一種名磨芋磨汁為腐俗呼磨芋豆腐

洋合一名蓋蘘荷其花似荷葩其味畧似

藠頭

蕨宣山最多掘根搗爛去滓澄粉其味尚甘可以備荒

笋早春有南竹笋班竹笋繼之水竹笋又
繼之七月有慈竹笋冬有冬笋其味最
美
蔬屬俱有惟白菜最佳
瓜屬俱有
菓屬俱有
木屬俱有癭木楠木為貴
癭木有二種以花癭為佳山中亦間有之
楠木述異記一年東榮西枯一年西榮東枯張華謂之交讓木咸豐最

多宣境亦有

樠木　西域傳烏孫國山多樠木宣邑亦多

楓香　樹似白楊葉圓歧有脂而香故名子大如鷄卵貯乾可燒蜀本草楓脂入地千年化為琥珀

竹屬十種

荊竹　南竹　班竹　水竹　紫竹

慈竹　淡竹　苦竹　冷竹　羅漢竹

花屬

春蘭　秋蘭　珍珠蘭　牡丹　海棠

芍藥　菊　薔薇　繡毬　蓮　鳳仙
梔子　芙蓉　杜鵑　荼蘼　南天竹
禽屬俱有
竹鷄鳴則呼泥滑滑居竹林多斑文畜之
可制白蟻一鳴三十六聲者佳
錦鷄赤雉也長尾徧身文彩好事者畜養
園以朱簾繡柱
白鸛頭無丹項無烏帶身如鶴不善唳其
聲有似老人咳又本草似鵠而巢林者

曰白鷴禽經鷴仰鳴則晴俯鳴則陰署

中棚木上多巢

鱗屬甚少惟此數種

鯉魚　鱣魚　青魚　鱖魚　白甲魚

鯋魚　蛙蛙魚即魞魚

獸屬

豹　馬熊　狗熊　豺　獮猴　狐　貍

玃　麂　麞　獺　山羊　馬　騾

白面貍　野豬

藥屬

木瓜　大黄　黄蘗　桑寄生　參三七

黨參　苦參　五加皮　何首烏　黄連

厚朴　黄精　艾　夏枯草　金銀藤

半夏　牛膝　麝香

宣恩縣志〔卷之十

四

卷之十一　知宣恩縣事平湖張金瀾監纂

食貨志

田賦

乾隆三年正月奉

上諭湖北忠峝等土司改土歸流增設施南一府統轄恩施宣恩咸豐利川來鳳建始六縣除恩施係屬舊縣建始係川省改歸並恩施分歸咸利二縣之田地人丁向有定額毋庸另議外其餘改土地方新入

版圖者該督撫現在查勘分别陞科但該
土司向未輸納秋糧不計田地多寡每年
統計止納銀七十三兩六錢四分今若照
内地科則徵收必至加於前數朕心愛養
斯民望其共受國恩原不計貢賦之多寡
乾隆元年曾降諭旨將容美司改設之鶴
峰長樂二州縣成熟田地即照原額秋糧
銀九十六兩之數作爲徵收定額今忠峝
上司與容美事同一例着將查明成熟田

地即照原額秋糧銀七十三兩六錢四分四分之數將田分派作為定額毋庸另擬科則俾苗疆黎庶永沾薄賦之恩至乾隆二年未完秋糧一併豁免該部即遵諭行欽此

謹查乾隆三年勘出成熟水旱田地共四百一十二頃四畝一分五釐

乾隆三年欽奉

上諭即照原額秋折粮銀七十三兩六錢四分四分之數按田分派作為定額毋庸

另議陞科欽遵按畝分派查前項田
地內
水田二百二十頃四十五畝三分一釐
每畝派徵銀五毫六絲六忽三微三
塵三纖一渺七茫三灰四漂八錙五
銖八溟七爐該徵銀一十二兩四錢
八分四釐九毫八絲六忽九微一塵
三纖五渺四漠八茫二沙八灰九漂
旱地一百九十一頃五十八畝八分四

釐每畝派徵銀二毫八絲三忽一微
六塵六纖五渺八茫五沙一厌二漂
四錙一銖九溟三爐八漠該徵銀五
兩四錢二分五釐一毫四絲一忽八
微二塵九纖九渺四漠八茫二沙七
厌二漂
共實徵銀一十七兩九錢一分一毫
二絲八忽七微五塵三纖四渺九漠
六茫五沙一漂

乾隆十年開墾額外旱地七畝七分
一釐四毫四絲八忽該徵銀二釐一
毫八絲四忽四微二塵二纖一渺三
漠一茫六沙三灰
乾隆十二年開墾額外旱地五畝七
分八釐五毫七絲二忽該徵銀一釐
六毫二絲八忽三微二塵二纖一渺
三漠一茫六沙三灰
乾隆十六年開墾額外水田三十五

頃八畝八分該徵銀一兩九錢八分
七釐一毫四絲九忽二微九塵一渺
三漠七茫
八開墾額外旱地四十六頃二十七
畝該徵銀一兩三錢一分二毫一絲
一忽一微三塵四纖八渺八漠七茫
乾隆四十三年開墾額外水田五十
頃四畝八分該徵銀三十兩六錢二
分七釐

又開墾額外旱地一百九十頃五十
五畝二分該徵銀六十五兩七錢三
分一釐二毫
以上勘出成熟及額外開墾共實徵
起運充餉銀一百一十七兩五錢六
分九釐五毫一絲二忽二微二塵六
纖三渺八漠五茫四沙八灰一漂至

縣人丁原奉

題准免派丁民

雜稅

田房稅銀儘收儘解

鹽引

額行四川行銷大寧縣大寧廠水引二百四十張陸引一百八十六張續請詳增𨻶為縣永通廠一百五十張

行銷雲陽縣雲安廠水引六十四張

硝額

每年解淨硝貳千壹百肆拾捌斤弍
兩叁錢柒分

卷之十二　知宣恩縣事平湖張金瀾監纂

食貨志

祭祀

文廟春秋祭祀銀四十兩

崇聖祠春秋祭祀銀七兩

名宦鄉賢春秋祭祀銀七兩

文昌廟春秋祭祀銀三十五兩七錢四分

陸鼇

武聖廟春秋祭祀銀三十五兩七錢四分

六纛

山川壇春秋祭祀銀拾兩

先農壇祭祀銀五兩

常雩祭銀五兩

霜降祭旗銀貳兩香燭米折銀壹兩零五分

邑厲壇祭銀十兩米折銀壹兩二錢二分

廉俸　工役

知縣俸銀四十五兩　養廉銀八百兩

各役一百二十名共工銀六百六十兩罷
械銀十六兩
訓導一員俸銀四十兩　齋馬銀十八兩
門斗十名半共工銀十兩零八錢　廩生二
名共銀五兩四錢四分六釐
乾壩巡檢一員俸銀三十一兩五錢二分
養廉銀七十五兩　役二十四名共工銀
一百四十四兩罷械銀七兩
典史一員俸銀三十一兩五錢二分

養廉銀七十五兩　門皂馬六名共工銀三十六兩

普濟

額設孤貧八名每名給口糧花布銀二兩五錢二分共銀二十兩一錢六分

蠲免

乾隆三年正月定施南賦額奉

上諭乾隆二年未完秋糧一併豁免欽此

乾隆三十八年八月奉

上

諭據陳輝祖奏此次沿站民夫因官兵經過運送軍械等項咸爭來站受僱如宜昌巴東一路人烟稀少其旁近之恩施宣恩建始等縣民夫亦多自行趨集軍營偶有遺失行裝隨路趕送交給等語此誠佳事該省上年過兵地方本年新正曾經加恩緩徵今沿站旁近各縣民夫俱能踴躍急功各效子來之誼自宜再沛恩膏用照

獎勸著該署督查明恩施宣恩建始
三縣量緩徵十分之幾奏聞請旨再
直隸河南陝甘雲貴等兵丁經過各
州縣節經降旨加恩分别緩徵其沿
站旁近之州縣民夫如有協助辦差
出力者並著該督撫一體察明具奏
候朕酌量加恩以普一視同仁之意
該部即遵諭行欽此
嘉慶元年正月前此

恩詔普免案内先儘乾隆六十年被水勘
不成災等州縣暨附近苗疆施南府
屬六縣共計二十九州縣衛作為首
次於是年蠲免
七月蠲免施南府屬六縣應徵各款
正項及耗羨雜課錢糧
八月蠲免宣恩縣本年地丁錢糧
又蠲緩恩施來鳳咸豐利川建始宣
恩等縣應彙同被水等州縣共四十

三州縣應以嘉慶丙辰至戊午年年共
蠲免三次
八年正月奉
恩詔蠲免恩施宣恩來鳳咸豐建始等被
賊滋擾地丁錢糧全行蠲免

卷之十三　知宣恩縣事平湖張金瀾監纂

武備志

營制

駐防宣恩縣施南協左營右哨千總分防六塘七處

乾溝塘兵五名　黄草壩塘兵五名　小關塘兵五名

茅壩塘兵五名　太平壩塘兵五名　椒園塘兵五名

倒尚子塘兵五名

駐防宣恩縣東鄉鎮施南協左營左哨外

委千總汛兵六名分防六塘六處
劉家庄塘兵五名　細沙壩塘兵五名
楊二溪塘兵五名　萬寨村塘兵五名
蛾影塘塘兵五名　杉木樹塘兵五名

駐防宣恩縣忠峝施南協左營右哨頭司

把總汛兵二十八名分防六塘八處
岩脚塘兵五名　經歷寨塘兵五名
木册塘兵五名　冉大河塘兵五名
乾壩塘兵五名　布袋溪塘兵五名

歇縣寨塘兵五名　瑪瑙湖塘兵五名

駐防宣恩縣高羅司左營右哨外委千總

汛兵二名十分防六塘二處

板寮塘兵五名　頭道水塘兵五名　本適志

卷之十三

武備志

俸薪

城守千總每年俸銀一十四兩九錢六分四釐八毫　薪銀三十三兩三分五釐二毫　養廉銀一百二十兩　坐馬二匹共銀二十兩零八錢

計銀共一百八十八兩零八錢

忠崗汎把總每年俸銀一十二兩四錢七

分一釐　薪銀二十三兩五錢二分九釐
養廉銀九十兩　坐馬二匹共銀二十兩
零八錢
　計銀共一百四十六兩八錢
東鄉高羅汛外委每年每員養廉銀十八兩
馬占餉二十四兩　米三石六斗共銀二
兩五錢二分　馬乾十兩零二錢
　計銀五十四兩七錢二分
二員共銀一百零九兩四錢四分

卷之十三

武備志

餉額

城守千總一員額兵七十八名

馬兵四名每名支領馬占餉二十四兩

米三石六斗共作銀二兩五錢二分

馬乾十兩零二錢

計銀三十六兩七錢二分

總共銀一百四十六兩八錢八分

戰兵三名每年每名銀一十八兩
米三石六斗作銀二兩五錢二分
計銀二十兩零五錢二分
總共銀六十一兩五錢六分
守兵三十六名每年每名銀十二兩
米三石六斗作銀二兩五錢二分
計銀十四兩零五錢二分
總共銀五百二十二兩七錢二分
塘兵七處共三十五名每年每名銀兩

與守兵同
總共銀五百零八兩二錢
忠崗把總一員　額兵三十名
戰兵三名每年每名銀一十八兩
米三石六斗作銀二兩五錢二分
計銀二十兩零五錢二分
總共銀六十一兩五錢六分
守兵二十七名每年每名銀十二兩
米三石六斗作銀二兩五錢二分

計銀十四两五錢二分
總共銀三百九十二两零四分
高羅汎外委一員額兵七十八名
其戰兵守兵每年每名銀米與城守營
同
東鄉汎外委一員額兵三十九名
其戰兵守兵每年每名銀米與城守營
同

卷之十四　知宣恩縣事平湖張金瀾監纂

武備志

兵事之設王者所以資捍衛也施在前代為土司地兵事時勤馬自改流以來休養生息百有餘年嘉慶初白蓮教匪闌入宣邑倡興義兵助剿忠路丞王三錫有獨捍負戟抛鋤者畫是宣恩鄉勇兵之句蓋實錄焉

上

荷

諭旨褒嘉可知

聖教漸摩人知向義是可書也謹將前後兵事備載以志民日遷善云爾

歷代兵事

宋史列傳史方字正臣開封人天禧中知夔州時富順州蠻田彥晏寇施州焚暗利砦方領兵直抵富陽蕩其巢穴窮追至七女栅降之（七女栅宣地今仍其名）

明史土司列傳洪武十七年景川侯曹震言散毛等峒蠻時寇掠為民患

已命施州衛及施南宣撫覃大勝招之如負固請發兵討二十三年凉國公藍玉克散毛峒禽刺惹長官覃大旺等萬餘人置大田軍民千户所隸施州衛時忠建施南叛蠻結寨於龍孔玉遣指揮徐凱將兵攻禽宣撫覃大勝餘蠻退走玉復分兵搜之殺獲男女一千八百餘人械大勝及其黨八百二十人送京師磔大勝於市餘

戍開元給衣糧遣之
明史太祖本紀洪武二十三年夏閏
四月藍玉平施南忠建叛蠻六月玉
遣鳳翔侯張龍平都勻散毛諸蠻
舊衛志徐凱字子安合肥人都指揮
使洪武二十三年從藍玉征散毛鎮
南等峝二月克散毛禽散毛土酋刺
惹覃大旺等萬餘人五月施南土
官覃大勝等亂玉命移兵討之擒大

勝及其黨男婦八百二十口解磔大
勝於市師還凱獨先諸將賞賚甚厚
王賜鈔增祿凱陞副羌將軍都督
舊衛志成化元年僉事郁文博按部
至施時有川冦餘黨竄入衛地博命
指揮童鍾督施南宣撫覃彦昇擒獲
孫居士胡清等三十餘人悉平之
明史列傳鄭岳字汝華宏治六年進
士遷湖廣僉事施州夷民自相仇殺

有司以叛聞岳擒治其魁餘悉縱遣
舊衛志嘉靖中支羅土冦黄中叛剽
掠川民施南散毛二司流刼施建忠
酆楚撫谷虚中奉命征討檄參政曹
三暘浙江人督餉副使吴邦彦吳江人紀
功副使王紹元金谿人監軍參政洪逵
寧遠人督哨指揮湯世傑襄陽人坐營冯
陽指揮丁楹辰州衛指揮楊其等領
永順五寨及本衛官軍攻勦黄中聽

撫解院磔於市餘黨悉平施南散毛
土司次第就擒隆慶五年討金峒叛
蠻覃壁參政馮成龍浙江人監軍副使
張大業紀功
嘉靖元年散毛覃斌殺忠建田本奪
其地楚撫席書檄指揮孫廉督征適
入永順九年施州賊黃馮了等百人
流刼雲萬奉節等處川東道檄本衛
擒捕偵知馮了乃忠路仇人檄安撫

覃正剛擒之二十八年施民譚黄牯
流刼巫建歸巴奉萬兩省會勦指揮
杜遇伏兵賊巢歸路夾擊擒之
崇禎七年流寇猖獗檄調施南東鄉
二司進兵勦以指揮鄧宗震唐堯德
及僧寂明分督之至巴東平陽壩敗
績寂明死之十二月施南土司覃良
士因事在獄土官統兵圍城脅指揮
唐復元出良士所過村庄殘滅殆盡

舊衛志崇禎十七年獻賊大驅荆民入蜀路出建始又肆殺掠衛有土司之擾里民之變此時流寇尚未入衛以猶僻處故也改革後闖獻餘孽上自川東下達彝陵盡爲賊藪丁亥五月一隻虎即李過闖賊愛將後降福王賜名赤心者始率十三家餘燼入衛地肆屠掠與土司戰於城南大破之遂移營容美戊子自容美轉屯施

南司賴有朱經略指之出後復亂

國朝

嘉慶元年九月奉

上諭本日福寗等奏勦殺宣恩縣龍馬山賊匪餘黨全數投誠一摺覽奏欣悅此番福寗等督率官兵奮力攻勦將首賊李登敖拏獲其餘夥黨聞風畏懼携帶家口呈繳鼯械等項自行投出該處已無賊匪藏匿所辦實屬可嘉現在宣恩一路既經肅

清而梛坪亟須兵力勦捕福寧現已馳赴
該處務須倍加奮勉督率官兵與成德等
會合夾攻擒獲首逆林之華等勦淨餘匪
迅速蕆事俟奏到捷音再加恩賞此次帶
兵之遊擊董寀川尤為出力著加恩以參
將陞補用示鼓勵福寧自宣恩前赴梛坪
約幾日可到著將會兵勦賊情形迅速具
奏至另摺酌辦龍馬山投誠賊匪一事此
等匪徒雖經從賊抗拒但既自行投出若

遽行辦理恐鍾祥鄉坪賊匪聞而生畏益堅其梗化之心抵死拒守今福寗等查明賊目四十四犯暫緩發遣解交施南郡城監禁其餘黨交地方官妥為安頓造冊存案亦祇可如此辦理但賊目等人數較多且前經投出難保其不心懷反側著傳諭畢沅汪新嚴飭該府隨時留心防範稽查勿令稍有疏虞此為最要至成德處兵力較單尚覺不敷攻勦此時惠齡搜捕涼山

餘匪自已完竣就近帶兵馳赴鄉坪而福
甯等又已由宣移兵會勦與成德惠齡分
路夾擊賊匪自無從逃竄成德等務須上
緊勦辦擒拏賊首龐清餘黨剋期蕆功伺
邀獎賞將此由六百里加緊傳諭知之仍
迅速覆奏捷音以慰廑注欽此
嘉慶二年閏六月奉
上諭額勒登保等奏節經跡探賊踪俱向
五家河前去額勒登保等趕至白果坪勦

賊又竄至馬家壩復經官兵躡勦俱逃至
宣恩縣之椿木營一帶等語賊匪不往北
竄又向西奔逸若一直前去係川省酉陽
一帶不可不亟籌堵截至摺內稱入山路
遠軍火軍糧不能接濟等語此時附近夔
州一帶川省現有勦賊之事自難兼顧著
傳諭汪新飛飭附近施南府各屬星速辦
運軍火糧餉探明額勒登保等帶兵向何
處勦賊即運往該處應用不可遲誤至湖

北荆宜一帶如有留守駐防之兵與其在彼閑住何不酌派數百名令參將等官帶領速往聽候額勒登保等調遣此二事俱著汪新就近酌籌妥辦勿稍遲緩為要至額勒登保等一路官兵不下萬名現令馬瑀帶兵千餘名前赴該處又令汪新於附近地方防守官兵内抽撥數百名前往著額勒登保等自行酌量如兵力尚不敷圍捕不妨於距賊較遠之各標營及義勇内

酌派應募是兵力益加壯盛而軍火糧餉有汪新等辦接濟亦無虞缺乏額勒登保等惟當專心勦辦速擒首逆馳報捷音當計日以待耳將此由六百里加緊又緊傳諭知之欽此

謹按施爲明末流寇所處劉凋殘特甚迨乎

王師南下肅清滇蜀斯民始慶更生重以吳逆之變茲地復經騷擾至於

武功奮伐苞蘖悉除海溢山陬同嬉化日嗣是土舍歸誠穴鼠息爭澤鴻漸集涵濡生息百有餘年生齒之繁同乎內地比及嘉慶初年教匪闌入來鳳首被其毒追兵勇剿捕又復奔逸四出延至六七年之久大兵四合始就蕩平其時官紳盡節士庶效忠義勇之風昭乎遠近允宜詳載以示來茲第事闕全省各邑册檔未全傳聞異

辭殊難傳信惟節年捷音奏報

諭旨昭宣謹按年恭載其間同澤之歌

恩綸褒美執戈之義

邮典優隆具見武勳忠義諸志焉 郡志

歷代控制

宋史蠻夷列傳施州蠻者夔州徼外熟夷

南接牂牁諸蠻又與富順高溪四州蠻相

錯葢唐彭水蠻也咸平中施蠻常入寇詔

以鹽與之且許其以粟轉易蠻大悦自是

不爲邊患後因饑又以金銀估實直質於官易粟官不禁熙寧六年詔施州蠻以金銀質米者估實直如七年不贖則變易之著爲令熊本經制瀘井事蠻酋田現等内附䕫路轉運判官董鉞副使孫珪知施州蠻平皆以招納功被賞施黔比近蠻子弟精悍用木弩藥箭戰鬬趫捷朝廷賞團結爲忠義勝軍其後瀘川淯井石泉蠻皆獲其用

明史土司列傳宣德九年木册長官田谷
佐奏高羅安撫常依勢凌轢侵奪其土地
人民已蒙朝廷分理然彼宿怨未平恐復
加害乞徑隷施州衛從之
天順五年禮部奏施州衛木册長官土舍
譚文壽兇暴並造誹謗不法之言罪當刑
今其母向氏進馬以贖恐不可從帝命給
鈔百錠以慰其母其子仍禁錮之
宏治二年木册長官田賢及容美致仕田

保富各進馬為土人譚敬保等贖罪刑部
言蠻民納馬贖罪輕者可原重者難宥宜
下按臣察覈
萬歷十一年湖廣撫按奏施州衛施南等
宣撫司各官仍聽鎮筸參將節制載入勅
書以一事權從之
國朝
湖廣總督　臣邁柱
題為請改州縣以重地方以速案件事該

臣看得湖北施州衛原管之施南十五土司應歸縣轄令歸州兼轄巡判道統轄施州改設知縣典史則以守備千總衙署居住巡檢則以大田所衙署居住歸州州判有原設衙署可以居住無容另議蓋造其施州衛有原設教授訓導二員取進生員一十五名今應仍照舊制俟教授任滿再有補選之日即改為教諭員缺但各州縣設有祭祀鄉飲舉貢長夫張貧花布等項

銀兩應照例逐一添設統候查核
題允之日另造細册呈請咨達等因請
題前來　臣覆查歸州改為直隸州衛施州
衛更設為縣在該州管轄四縣則盤查倉
庫審理刑名任專地近案件易結一轉移
間實於荆南要地大有裨益再施州衛既
改為縣如蒙
俞允恭請
皇上欽定縣名所有該縣及大田所巡檢

印信並該學條記應請鑄給以昭職守合
併聲明臣謹會同湖北撫臣馬會伯合詞
具
題伏乞
皇上睿鑒勅部議覆施行
雍正十年東鄉司覃壽春以長子得罪正
法諸子不才呈請改流十一年忠建土司
田興爵以横暴不法侵龍山改設内地經
南臬審實擬罪改流俱爲恩施地雍正十

三年施南司覃禹鼎以溪惡抗提擬罪改
流又容美司田明如窮凶極惡覃禹鼎及
東鄉司覃壽春長子楚昭皆其壻也每犯
罪輙匿容美屢提不出當事以其先人從
征紅苗有功置弗問明如怙惡不悛至是
特參拏問明如畏罪自經忠峝司田光祖
等糾十五土司呈請歸流湖廣總督邁柱
題以十五土司各境並原設恩施縣增為
一府五縣將撥隸夔州府之建始縣劃還

特設施南府轄六縣首歸州直隸改容美
及所領五司為鶴峯州隸宜昌府乾隆元
年定各屬疆域及文武官制一切經費悉
如他郡

卷之十五　知宣恩縣事平湖張金瀾監纂

官師志 正

雍正十三年六土司改流乾隆元年始設邑特設知縣一員縣署即施南司故基乾隆二年新建同知一員舊駐忠峝乾隆二十五年裁改設黄州府屬之武穴訓導一員乾隆三十七年以恩施縣訓導移設巡檢二員一駐東鄉道光十六年裁奉文改設崇陽一駐乾壩典史一員署在治西千總一

員署在治東把總一員駐尚忠外委二員一駐東卿

一駐高羅乾壩汛栽

知縣

陳家　漢軍正藍旗監生乾隆元年月日到任六年月日去任

黃卓　江西建城拔貢乾隆六年月日到任八年月日去任

武經國　山西天鎮拔貢乾隆八年月日到任十四年月日去任

唐文遠　貴州湄潭舉人乾隆十四年月日到任十六年月日去任

趙德孔　陝西鳳翔舉人乾隆十六年月日到任

趙士聰　山西保德舉人乾隆二十七年月日至任卅年月日去任

李龍翔　江西建昌舉人乾隆三十年月　日到任十六年月　日去任

梅雲官　江西南城舉人乾隆卅六年月　日到任卅七年月　日去任

楊振祚　陝西蒲城舉人乾隆卅七年月　日到任四十年月　日去任

賈思謨　四川銅梁舉人乾隆四十年月　日到任卅四年月　日去任

温鉞　山東掖縣舉人乾隆卅四年月　日到任卅九年月　日去任

劉澍　山東昌樂舉人乾隆卅九年月　日到任五十六年月　日去任

蘇於洛　河南湯陰進士乾隆五十六年月　日到任嘉慶　年　去任

庾太鈞

丁昌

賀隆錫　山西曲沃貢生嘉慶九年　月　日到任十年　月　日去任

任國選　山西介休廩生嘉慶十年　月　日到任十八年　月　日去任

王信芳　江西東鄉舉人嘉慶十八年　月　日到任二十年　月　日去任

張廷烜　甘肅通渭舉人嘉慶二十年　月　日到任道光六年　月　日去任

王綱　四川江津舉人道光六年　月　日到任八年　月　日去任

周泰階　廣西臨桂舉人道光八年　月　日到任十年　月　日去任

劉本澄　安徽木湖監生道光十年　月　日到任

許捷陞　福建

李翰容

李士高　浙江山陰縣人吏員道光　年　月到任

繆庭漨

馬德昭

龔煥枝　江西南昌人進士道光　年　月到任

顧瑞熊　浙江會稽縣人監生道光十九年七月十八日到任

張爾璧　江西

朱汝霖　廣西桂林府臨桂縣人監生道光二十四年四月初一日到任二十六年閏五月二十日卸事

王敬烈　山西霍州趙城縣人貢生道光二十六年閏五月二十日到任七月

二十七日卸事

彭鳳池　廣西恵州府龍川縣人監生道光二十六年七月二十七日到任十八年十一月初六日卸事

鄭士楷　陝西鳳翔縣人道光甲午科舉人道光二十八年十一月初六日到任咸豐元年三月二十四月卸事

姜國祺　江西臨江府清江縣人道光丁酉科拔貢三十年十一月二十二日到任十二月初三日卸事

王久益　甘肅涼州府武威縣人吏員咸豐元年三月二十四日到任閏八月二十七日卸事

梁光釗　廣東廣州府三水縣人道光辛卯科舉人咸豐元年閏八月二十七日到任二年三月初九日卸事

趙廣恩　河南洛陽縣人道光甲午科舉人咸豐二年三月初十日到任五年八月十九日卸事

楊鎮邦　廣東廣州府香山縣人監生咸豐五年八月二十日到任六年五月十四日卸事

陳文灼　四川成都府華陽縣人由未滿吏咸豐六年五月十五日到任十月三十日卸事

何元愷　廣西平樂府平樂縣人道光庚戌科進士咸豐六年十一月初一日

到任七年十一月十四日卸事

梅鏡源　湖南長沙府甯鄉縣人廩生咸豐七年十一月十五日到任八年八月二十七日卸事

陳文炤　浙江紹興府山陰縣人監生咸豐八年八月二十七日到任十一年二月十九日卸事

周瑞　湖南岳州府巴陵縣人生員咸豐十一年二月十九日到任同治元年三月初八日卸事

周會文　河南宜陽人監生同治元年三月初八日到任

張金瀾　浙江嘉興府平湖縣人監生同治元年四月二十五日到任

訓導

張其燿　武昌舉人，乾隆三十七年　月　日到任，三十八年　月　日

張宗振　黄岡舉人，乾隆三十八年　月　日到任，三十九年　月　日

蕭中棋　天門舉人，乾隆三十九年　月　日到任，五十一年　月　日

於長源　黄岡舉人，乾隆五十一年　月　日到任，五十四年　月　日

李惰遂　江陵舉人，乾隆五十四年　月　日到任

胡裕春　孝感舉人，嘉慶四年去任

戴日新　沔陽舉人，嘉慶七年　月　日到任，十八年　月　日

汪鍾熯　江夏舉人，嘉慶十八年　月　日到任，二十二年　月　日

余肇翊　安樂舉人嘉慶二十二年　月
月到任道光七年　月　日

周之煜　天門舉人道光七年　月　日到
任十五年　月　日

鄗書　興國州舉人道光十五年　月
日到任

蕭鉅運　漢陽府黄陂縣人嘉慶癸酉科舉
人道光二十年十二月十九日到
任三十年九月十一日卸事

廖華國　武昌府武昌縣人道光辛卯科舉
人道光三十年九月十一日到任
咸豐二年四月二十六日卸事

張熉　漢陽府漢陽縣人嘉慶戊辰科舉
人咸豐二年四月二十七日到任
三年八月交卸

熊啟愚　荆州府松滋縣人貢生咸豐三年八月到任

蔡景星　蘄州人舉人咸豐十一年七月初一日到任

東鄉司巡檢　今裁

包毓襄　浙江會稽吏員乾隆元年　月　日到任

陳錦文　安徽青陽供事乾隆七年　月　日到任

沈濂　浙江會稽監生乾隆十四年　月　日到任

於鶴年　山東萊陽監生乾隆二十四年到任

金昊　順天宛平監生乾隆二十九年到任

趙大棟　山東萊陽監生乾隆三十五年到任

劉星輝　江西安福監生乾隆四十三年到任

李際春　浙江錢塘進士乾隆四十九年到任

高雲倬　江南元和監生乾隆五十六年到任

鈕茂華　浙江山陰吏員嘉慶四年到任

史敏　陝西三原吏員嘉慶十三年到任

喻大鏞　浙江海寧監生道光二年到任

徐鳴謙　浙江會稽監生道光三年到任

温藴華　江西石城監生道光八年到任

林文蔚　福建閩縣供事道光九年到任

吳晉思　江蘇沭陽監生道光十一年到任

張沛霖　道光十六年到任將及數月奉文府衙門改設崇陽

乾壩巡檢

袁大經　順天大興供事乾隆元年到任

姚鎔　貴州修文吏員乾隆九年到任

丁鍠　順天大興生員乾隆十四年到任

許宜壐　廣東揭揚貢生乾隆十八年到任

謝魯　浙江上虞吏員乾隆十九年到任

江藩　江西南城吏員乾隆三十六年到任

徐紹高　浙江嘉興監生乾隆三十七年到任

邱宗聖　浙江烏城監生乾隆四十二年到任

周思尚　浙江海寧議叙乾隆四十四年到任

徐温　山東臨淄監生乾隆四十五年到任

周士達　江蘇武進貢生乾隆四十八年到任

浦寶光　安徽東流監生乾隆五十四年到任

楊秉和　浙江仁和吏員嘉慶元年到任

王文謨　江西太和監生嘉慶三年到任

陸思榮　浙江山陰供事嘉慶十二年到任

甯崧　湖南武陵監生嘉慶十四年到任

張逮華　直隸天津附生嘉慶十七年到任

盛世文　浙江秀水監生道光三年到任

王國楨　浙江上虞供事道光八年到任

胡傳濂　江西南昌府南昌縣人監生咸豐元年四月二十二日到任六月十六日卸事

劉聯第　四川敘州府隆昌縣人吏員咸豐元年六月十六日到任咸豐九年卸事向治元年復任卒於官

程啟安　河南彰德府涉縣人吏員咸豐九年月日到任同治元年四月

御事

凌禺純　浙江寧波人監生同治元年十二月二十二日到任

典史

陳天德　順天大興吏員乾隆元年到任

方瑶　江南旌德供事乾隆三年到任

范世振　順天涿州吏員乾隆八年到任

徐信　順天宛平吏員乾隆十九年到任

饒成望　廣東大埔吏員乾隆二十八年到任

蕭廷棟　浙江嘉興監生乾隆三十一年到任

錢成龍　順天大興吏員乾隆三十四年到任

李盛博　廣東嘉應監生乾隆五十年到任

莊夔　江蘇武進監生乾隆五十四年到任

曹芳祖　江西新建吏員乾隆五十五年到任

黃寶璋　江蘇新城監生嘉慶七年到任

周吉棠　江西宜黃監生嘉慶十二年到任

湯槐　順天大興監生嘉慶十五年到任

陳寶善　順天宛平監生道光二年到任

陳臯　直隸清苑吏員道光十二年到任

臧梓　山東青州府諸城縣人，從九，道光二十三年到任；二十五年二月初二日卸事。

徐錫麟　順天大興人，捐輸議叙，道光二十六年閏五月初六日到任。

陳劬　浙江紹興會稽縣人，監生，咸豐八年二月二十二日到任；六月十四日卸事。

楊朝森　浙江秀水縣人，監生，同治元年月日到任。

宣恩汛千總

王應正　恩施行伍，乾隆元年到任。

張士相　恩施行伍，乾隆九年到任。

姚燦恩施行伍乾隆十六年到任
陳大用恩施行伍乾隆十九年到任
袁英恩施人乾隆二十三年到任
王正綱恩施行伍乾隆三十四年到任
王發第恩施人乾隆三十七年到任
唐光茂湖南鎮筸人乾隆三十九年到任
曹夢熊利川行伍乾隆四十二年到任
袁天倫恩施行伍乾隆五十三年到任
陳連陞鶴峯人嘉慶十二年到任

趙必秀 恩施行伍嘉慶二十五年到任

宋代富 東湖武生道光五年到任

劉正新

李克儉

楊得志

譚德芳

忠嵩汛把總

袁正德 恩施行伍乾隆元年到任

謝如鼇 湖南武陵武舉乾隆十五年到任

褚繩　恩施行伍乾隆十八年到任

王敬緒　遠安行伍乾隆三十一年到任

高震虎　遠安行伍乾隆四十四年到任

向開武　興山行伍嘉慶四年到任

譚纓　恩施行伍嘉慶八年到任

姜忠悚　東湖行伍嘉慶十二年到任

趙永正　宜都行伍嘉慶十七年到任

楊應忠　恩施行伍嘉慶　年到任

高國勳　興山行伍道光　年到任

袁開炳　恩施行伍道光年到任

陳大福　東湖行伍道光年到任

謝洪恩　東湖行伍道光年到任

許大濵　恩施行伍咸豐年到任

李克儉　穀城行伍咸豐年到任

譚德芳　利川武生咸豐年到任

周宏文　興山行伍咸豐年到任

李名貴　恩施行伍同治元年到任

卷之十六

官師志

名宦 俱未經呈請崇祀

陳 宋

正藍旗漢軍時乾隆元年新設邑創規定矩井然有條任事六年實心實政邑民感恩有去思碑文在 見賈志稿

唐文遠

貴州湄潭人歷任十載多惠政所至閭

有題詠亦翹然拔俗見賈志稿

賈思謨

四川銅梁舉人在任四年纂修邑志未果其志稿一本尚存爲政簡易因公解任既去民猶思之見郡志

蘇於洛

河南湯陰進士嘉慶元年教匪擾來鳳土匪起爲聲援公誘擒其魁餘黨悉就撫以功晉同知隨營辦理糧臺以病卒

於恩施之了木略見郡志

蒲寶光

安徽東流監生任乾壩巡檢兼來鳳典史堵勦教匪於宣恩縣之魚泉被害見郡志

曹芳祖

江西新建吏員任宣恩典史勤於供職教匪擾東鄉公率領鄉勇保護縣城日夜巡邏未嘗稍息賊知有備不敢窺賴

公力也見郡志

李士高

浙江紹興府山陰縣人長於吏事節儉慈明愛民如子至於鋤奸除暴則絕不姑息士民仰之如慈父母焉去後里人立位祀之

張廷烜

甘肅通渭舉人任宣恩兩任凡十一年勸諭士民建修奎星閣文昌宮龍洞書

院聽斷如神士民畏威懷德至今猶頌之

鄭士楷

字元圃陝西鳳翔舉人在任四年實心行政清勤坦直民邀實惠道光二十九年歲飢發穀二千餘石救荒公出家貲買補之

卷之十七　知宣恩縣事平湖張金瀾監纂

選舉志

科貢

武科

唐武釗　道光壬辰科中式二十一名

侯榜全　道光乙未科中式後以罪出革

拔貢

陳文雄　府學乾隆己酉科

覃珍光　乾隆己酉科

朱一點 道光丁酉科

彭泗源 咸豐辛酉科

恩貢

夏瑚

姚雲凌

王炳文 以上三人俱嘉慶年

趙之壁

楊秀崑

瞿善運

李學閔
徐昌運
孫百朋　以上六人俱道光年
歲貢
楊楫　乾隆年
石爲祥
胡藎臣
覃長有　棗陽訓導
龍官春　通城訓導

高登甲
楊大和
袁德亨
劉大忠
田文錦府學
以上九人俱嘉慶年
張光嶽候選訓導
張學源
袁逢祿
鄭芃

乾爲首　候選訓導

吳家典

向人文

田永松

朱定鰲　候選訓導　以上九人俱道光年

唐家駿

朱兆臨

向志賢

朱夢齡

姚復旦　府學

周榮昌

謝金詔

向志瀛　以上八人俱咸豐年

卷之十七

選舉志

武勳

麻光裕邑之東鄉里人嘉慶元年白蓮滋事光裕起以甲長練鄉兵屢戰屢勝閫帥詫其能由是興山竹山長陽巴東共十數州縣俱與之偕其所至處賊竄遙相謂曰麻老虎至矣輙委罷械去無敢戰者葢其膂力絕人又能運以智謀削

平寇賊與有力馬以功授巴東千總旋
升授湖南常德都司加叅將銜護洞庭
協鎮引
見至河南病故
贈昭武都尉今縣庠麻以南其嫡孫也郡
庠以棟其姪孫也
宋永炯字文奇國學生家資豐裕好行善
事建橋梁補道路修廟宇樂此不倦人
咸稱之嘉慶元年教匪竄入東鄉晒坪

捐銀叁千兩招募鄉勇五百名命五子
宏增隨縣主蘇公於洛堵禦二日賊畏
有備不敢入城賴以全
宋宏增字退菴邑增生文奇之五子也性
聰明多材藝兼長醫術堪輿嘉慶元年
來鳳蓮匪倡獗捐貲募勇堵卡龍山麂
皮壩與賊戰拿獲賊目胡正中搶獲旗
幟刀鍇并大炮二座當事保奏准以知
縣儘先選用加五品頂戴藍翎

張明文字公庭嘉慶元年東鄉蓮匪李登
敖等倡亂明文募勇三百餘人前令蘇
公於洛諭充卡總堵卡安家嶺龍馬山
一帶賊不敢犯賊平後前令蘇欲舉軍
功明文固辭令候選訓導貢生光嶽其
孫也郡庠生映奎其曾孫也

唐廷援邑諸生嘉慶元年白蓮教匪滋事
捐助軍餉兼守辦粮臺議叙軍功從九
以未入流儘先補用於道光四年奉部

選授福建省漳州府南靖縣尉任滿告致回籍壽終七十八歲

唐開源邑武生嘉慶元年白蓮教匪滋事捐助軍需兼守炮臺議叙軍功以把總用於嘉慶十五年屢奉部文均以親老予幼力辭七十六歲而終

王勝祖邑之忠崗里人乾隆時逆擾荆襄間祖隨慶軍門堵剿有功議叙得遊擊銜歸慶軍門巡閲來境給祖鞍馬使同

行以母老堅辭家貧屢空採樵以給饔

飧焉

卷之十八　知宣恩縣事平湖張金瀾監纂

人物志

忠義

明覃大允東鄉土司予事君天啟間征黔父子死事加二等陞宣慰司

嘉慶元年以後剿除賊匪死事弁兵義勇附載於左

陳維指　趙成瑞　魯全　魯貴

潘耀　梁朝佐　王啟舞　王志勇

張海明　沈先煦　龔啟寬　李尚翰

廖向文　魯世禮　舒貴　田之受

趙化龍　張勝文　任申　彭世勇

鍾尚勇　汪連陞　以上兵丁

李進　孫正隆　石遂臣　田永陞

趙正品　曹盛隆　曹逢才　李方中

何先　潘必賢　唐興隆　席富生

伍爾學　姚長生　楊再能　陳大品

甘登舉　孫文福　呂宗文　滕玉林

郭學禮　李榮魁　符代武　吳朋九
侯世選　徐逢儒　劉世科　陳老二
吳勇貴　李必富　馮春惠　周昌貴
吳耳粲　唐士才　張子高　李文忠
陳巖匠　鄧如維　尹龍勝　楊玉才
楊昌敖　熊文舉　張宏榮　楊文龍
周清　蕭世科　易顯文　王立春
徐昌龍　秦秀虎　劉勇甲　席老四
王老么　張紹周　張登緯　李萬京

張榮先　席逢春　貴裴然　黄文澤
黄紹德　汪士奇　宋啓榮　朱文德
何安得　覃樹樊　張武俊　龍啓志
田生金　覃老七　侯良貴　田生明
佘昌應　陳良富　劉老三　王學仁
周朝選　劉必景　楊世爵　陳憲書
張谷相　陳上彦　鄧勝一　周國實
王貴　張文一　覃勝學　譚大材
鄒連陞　覃世任　胡南勳　范學元

向正品　李見忠　譚志華　彭忠高
李朝文　彭世傳　王占魁　禳又伍
陳宏　越國凡　張敬忠　陳昭
羅開太　陳富以上鄉勇見郡志
咸豐十一年堵剿髮逆死事士民丁勇均
載於左
團首滿建禄
監生滿建洪
滿建英

均在穿箭河坡地方堵卡與賊對敵被
殺
團勇劉鄉望　盧光盛　劉麻子即滿志均被殺
藍世英年八十五歲十月十九日罵賊被
殺
藍大英年八十六歲同日被殺
武生郭元培赴惠協戎營投効在麂子峡
打仗陣亡因殉難可嘉申詳彙案請卹
奉

旨郭元培係湖北宣恩人從優照外委例

給卹銀壹百兩並加

贈外委銜究非職官毋庸議給世職等因

欽此在案

附職員莊大明所帶陣亡勇丁六名

張承舉　李有仁　彭萬學　李光明

趙天培　王澤富

附團首樂昇平所帶陣亡勇丁五名

李王吉　郭長修　陳志德　譚世元

胡步傑

以上共二十人均於同治元年七月申

詳彙案請卹

卷之十八

人物志

孝義

唐開洋字百川邑武生年弱冠居父喪率子枚寢苫柩旁失火延其柩室洋督傭工二人抬柩舉重若輕比出牆外室即焚救子枚緩致遭火毒越三日歿其事繼母生盡禮死盡哀族里稱之令邑增生武爍邑優生武聯武舉武釗邑武生

武英皆其子也其次孫以中並入邑庠

覃文昭邑者民性戇直事母孝父先逝母病封股療愈文昭兄弟五人早析居凡奉養喪祭昭獨任之母歿後昭年至老人常聞夢中呼母聲

黄玉書庠生黄金玉之子母病篤玉書封股療之尋病愈

高光宗歲貢生高登甲之姪孫佳施南里水田壩性孝友父早逝母老病危胞兄

光前聞刲股能愈疾持刀欲下光宗窺見誑云兄不便自割即接刀出己臂刲之血流如注不顧也煮以奉母服後病稍减越三日母殁光宗痛哭欲絶至今戚里咸稱之光宗殁年六十八歲

彭國旄少失恃事父以孝聞先意承志得嚴父懽年至五十孝養不衰父殁喪祭從豐可勵末俗

卷之十八

人物志

行誼

唐仁智原籍黔陽人乾隆元年改土立縣即携眷來宣爲人端厚和平時土民愚悍鮮識

王章仁智常諭以奉公大義化導鄉愚其子皆恂謹長厚有父風長孫開甲入武庠年八十餘卒

唐義佳即仁智三子業儒因宣未設學屢考邊額不售倡義呈請設文武學額乾隆三十七年奉准設額乃集貲捐修施郘考棚義佳之力居多

牛嵩濾溪縣生員以家貧移宣闢荒安業清淡自守耕讀課子弟足跡不至公庭年九十餘猶能作蠅頭小楷眼見四代

董世全世高世虎世才世斌同胞五人兄友弟恭不分財產傳今五代男婦壹百

二十餘丁合食同煙口勤農業

田璉邑之東鄉里人厚重簡樸豐年積穀凶年平糶里中貧者咸賴之延師課子尊禮備至即故貢生文錦之父貢生永松之祖也

田文錦字製軒邑貢生幼聰穎十九入郡庠未幾食餼貢成均多著作選有逢時選全集童蒙求我集問農說鄉人曉見聞録及門共數十人至今書香不絶爲

東鄉之冠蓋東鄉自改土以來其讀書
立門戶者寔自此始

宋宏堯文奇長子嘉慶元年來鳳教匪闌
入宏堯出穀數百石給勇丁口糧前令
蘇公於洛詳請議敘州判平生多義舉
其父文奇修各廟建橋梁新學署宏堯
繼成之前令張公廷烜贈以詩曰生來
性有土木癖誓不破產功不已其實錄
也後選授山西吉州州判未赴任卒

楊楫邑歲貢生其人立品不苟爲鄉黨推重家訓以守法爲主自祖至孫歷五代無訟事今七品軍功光瓚即其孫也

宣恩縣志卷之八　三

卷之十八

人物志

頤壽

宋壽山妻呂氏母疾侍奉三年衣不解帶
疾賴以痊乾隆三年携子永炣來宣
因家焉壽至一百零六歲卒經詳請
欽
褒貞壽賜銀五十兩建貞壽坊於儒學署
前

袁鵬程妻閻氏壽一百零一歲眼見四代

譚再朝妻楊氏乾隆丙戌年生夫歿於年

二十四歲無子一女矢志冰霜苦節

有守現年九十八歲猶健

卷之十八

人物志

節孝　貞節　烈節

向先妻譚氏年十九歸向一載夫抱瘋疾

氏鬻衣飾市藥醫治五載夫死無子

赤貧如洗勤劬事翁姑年餘翁姑繼

歿氏歸依母家時年二十五歲或勸

之改嫁氏即涕泣自矢尋父母亦亡

諸弟長纔八歲次四歲季纔周歲氏

竭力撫成教讀婚娶各立室家諸弟輪養之氏於向節孝俱著於譚嚴慈並推洵巾幗之罕覯者前令唐公文遠擬請旌表未果

唐廷逢妻楊氏夫歿時氏年十七歲矢志守節善事翁姑撫姪武模為嗣苦節三十九年歿詳請旌表建坊豬市街今候選訓導歲貢生唐家

駿其孫也

張永思妻李氏夫歿三年伯兄某逼令改適氏矢志守節不爲所奪上事病姑以孝稱下撫二子卒能成立道光六年學使王公給節孝流芳額道光十四年詳請

旌表今子孫蕃衍候選訓導歲貢生光嶽郡庠生映奎其裔也

廩生宋宏謨妻董氏孝事翁姑內外無間

言撫一子祚齡任河南武陟縣縣丞

詳請

旌表

覃紹妻趙氏年二十九歲夫亡守節年八

十六歲孫奐若入郡庠

宋啟湛妻李氏夫亡守節孝事翁姑勤儉

持家年九十四歲步履不須扶杖

田舊榜妻屈氏夫亡守節勤儉持家撫子

若孫教讀成立年八十四歲猶健

田氏生員覃志遠之祖母孝事舅姑孀居五十餘年年九十三歲神明猶健

向起鳳妻蔡氏夫歿時年三十歲性仁慈奉翁姑盡孝孫星輝入邑庠年九十二歲猶康强

田某妻趙氏

陳維國妻劉氏

石維仁妻孫氏年二十九歲夫亡遺孤二長五歲幼僅三月守節撫孤成立次

子中王邑庠生孫莊及廉相繼遊泮
眼見曾孫歿年八十五歲道光年間
詳請
旌表
唐開榜妻彭氏邑增生唐武鏊之母邑增
生唐家淵邑庠生唐家煥之祖母夫
歿時氏年二十四歲撫子成立内外
無閒言守節二十年歿道光三年學
使李公贈以節貞孝摯四字詳請

旌表

郜文朝妻張氏

吳正順妻孟氏

劉廷綱妻唐氏

田文藻妻譚氏

夏治麟妻丁氏

張永年妻向氏

夏景唐妻祝氏

李之恒妻劉氏

曹盛隆妻張氏詳請旌表

田文世妻朱氏

嚴大信妻毛氏

周仁聲妻滕氏仁聲弱冠入縣庠未數年卒氏撫一子義昭亦弱冠入庠學使王公奬以節孝可風匾額

劉振文妻胡氏

張士鰲妻鄭氏

黄飛鳳妻鄭氏
生員郜峣妻張氏
覃璋妻吳氏
田振萬妻向氏
以上均見郡志
李洪都妻張氏夫歿時氏年二十四歲夫
病年餘氏侍湯藥衣不解帶氏翁年
九十五歲始歿氏事翁二十餘年孝
敬如一日勤儉持家撫孤成立咸豐

十年前令陳詳請

旌表上憲給行繼姜麗匾式

庠生唐武燦妻藍氏夫歿時年二十九歲矢志守節孝事翁姑撫一子以中入邑庠咸豐十年前令陳詳請

旌表

李宋氏邑監生宋永炣女配恩施庠生李文範爲妻夫歿年二十七歲撫孤守節子世瑩入恩邑庠道光六年呈請

旌表學使王公奬以節孝可風扁額

李胡氏，邑儒童胡世朝女，配恩邑庠生李世營爲妻。夫歿，年二十六歲，奉姑撫孤，苦節自勵。子炎入恩邑庠。咸豐十年呈請

旌表，撫憲胡奬以水霜世德額。

鄧金銘妻趙氏，姑病十年，氏侍湯藥，未嘗稍怠。撫一子元培，延師課讀，撻之流血，絶不姑息。後廢讀入武庠。咸豐十

年前令陳詳請

旌表咸豐十一年髮逆竄來鳳元培帶勇陣

亡田氏之教也

蕭邦文妻王氏事翁姑以孝聞內外無間

言夫病侍湯藥數月不懈推食解衣

鄰里稱之咸豐十年前令陳詳請

旌表

唐家猷妻彭氏歸唐一載夫即歿氏孝事

其姑撫猶子為嗣礪節多年百折不

旌表

回咸豐十年前令陳詳請

旌表

劉紀芳妻尹氏事翁姑孝敬不衰事繼姑
並以孝稱勤儉持家撫孤成立咸豐
十年前令陳詳請

段延柏妻彭氏夫殁無子因翁姑衰老矢
志守節撫姪爲嗣姪死僅一孫女氏
終身無怨咸豐十年前令陳詳請

旌表

朱大品妻李氏因母家無嗣夫入贅夫歿年二十八歲事母甚謹撫一子定鰲歲貢生候選訓導其長孫開來入郡庠咸豐十一年前令陳詳請

旌表

李先鳴妻高氏夫歿遺孫僅一月繼而翁歿姑疾氏矢志守節獨力持家撫孥喧入邑庠咸豐十一年前令陳詳請

旌表

曾昭賢妻伍氏事孀姑以孝聞勤儉持家

先撫姪某尋歿又撫姪某始生孫咸

豐十一年前令陳詳請

旌表現年五十九歲

李才達妻孫氏夫死氏年二十八歲撫一

子紀儒苦節自守奉姑鍾氏並以孝

聞現年五十五歲

劉豫吉妻周氏夫死氏年二十撫一子豐

炳苦節自守現年四十有四尚存

周仁𪴙妻劉氏夫歿年二十二歲子義剛甫數月氏矢志靡他氷霜自勵親操井臼不辭勞劬子義剛業儒未成孫榮昌入邑庠貢成均氏於戊午年歿

生員周義昭妻匡氏夫歿年二十二歲氏誓志守節撫二子俱業儒未成今孫支林立由兩代節孝之報也

周洪範妻田氏道光二十七年夫歿氏年

二十二歲幽閒貞靜敬事翁姑撫一
子一女尚存
譚俊升妻楊氏夫歿氏年二十四歲撫子
守節現年五十六歲
蕭亦明妻范氏夫歿氏年二十二歲家貧
伯叔欲嫁之氏矢志靡他苦節自守
撫姪朝璜為子現年八十一歲
張光懷妻楊氏夫歿氏年二十六歲有子
二長五歲次三歲家極貧氏矢志堅

守歷盡艱辛撫子成立内外無異言
今有孫三人現年五十六歲

李彩麟妻向氏夫歿氏年二十四歲子二
家貧代人紡績以作生活計苦節自
守鄰里皆感嘆之現年五十九歲

朱章妻龔氏夫歿氏年二十六歲生子四
高楝高枝高植高相矢節三十年現
年五十六歲内外無閒言人皆賢之

貞節

貞女王石香孝養父母終身不字經前令詳請上憲給額並請旌表

貞女陳姑施南里陳棊之女幼字劉氏子劉氏將遷家陜省約三年不歸聽女嫁娶踰期父母欲改嫁之女泣曰劉一日不歸待一日百年不歸待百年以死自誓父母見其志堅始從之至

老紡織閨中家人罕見其面歿年六十六歲

孝女王姑高羅里甘溪王家松之女守貞不字孝養父母以終歷數十年如一日内外無間言東鄉巡司史公敏聞其事贈匾額曰閨中曾閔

烈節

元季譚向二女均字人後為明王珍所選投池自盡今其塚在池旁土人號為

仙女馮並見古蹟

明唐一鴻女幼字歲貢鄧宗啟自遭兵變
女誓不欲生懸梁投水至再至三俱
以救免賊至賦詩留別自縊於忠建
里惜其詩未傳

藍昌德妻林氏年三十四歲咸豐十一年
賊陷來鳳於十月十九日入竄宣境
被擄過穿箭河橋投水死

藍昌忠妻陳氏年四十一歲咸豐十一年

十月十九日恐被賊擄投穿箭河死

黃金相妻宋氏年三十三歲咸豐十一年十月十九日被擄與賊糾扭至穿箭河橋中投水死

以上三人均於同治元年七月詳報在案

陳月英陳永裕女舊籍湖南衡陽縣母李氏係來鳳人其父就來貿易因家焉女生長於來自幼許字鄧元壽咸豐

十一年秋九月賊陷來邑時女年十八隨祖母避難於宣恩忠　里之長灘河訛傳其父母均經死難女慟不欲生又忘賊至被污遂投河死

卷之十九　知宣恩縣事平湖張金瀾監纂

藝文志

詩

把酒問月

唐　李白

青天有月來幾時我今停杯一問之人攀明月不可得月行却與人相隨皎如飛鏡臨丹闕緑烟滅盡清輝發但見宵從海上來寧知曉向雲間没白兔擣藥秋復春嫦娥孤棲與誰鄰今人不見古時月今月曾

經照古人古人今人若流水共看明月皆
如此惟願當歌對酒時月光常照金樽裏

竹枝詞三首　李白

施州衛舊志南郡府志並載宋黄
山谷宿歌羅驛夢李太白相見於
山間謂曰余往謫夜郎於此間（杜）
鵑作竹枝詞三疊世傳之否爲誦
三過山谷醒而書焉

一聲望帝花片飛萬里明妃雪打圍馬上

胡兒那解聽琵琶應道不如歸
竹竿拔面蛇倒退摩圍山中猢猻愁杜鵑
無血可續淚何日金雞赦九州
命輕人鮓甕頭船日瘦鬼門關外天北人
墮淚南人笑青壁無梯啼杜鵑

和張仲謀送別二首　宋　黄叔達

夜郎自古流遷客聖世初投第一人不是
施州肯回首五溪三峽更誰親
五溪三峽漫經春百病千愁逢故人何故

看君歲寒後欲將兒女更論親

仙女池　　明　童景

鶴質雲容去渺茫遠山如愧蜀宮妝絳紗不繫當年臂池上紅蓮歲歲香

採蕨　　國朝　商盤

採蕨復採蕨蕨生巒崗蝟秋將蕨粉收春待蕨苗發蕨苗葱翠如禾苗布種不用施鉏銚婦女提筐立泖嘴兒童負籠穿山腰施州地廣民富足況逢五穀穰穰熟比鄰

都有好田園此產還同閒草木君不見嫩
韭初芽薺末花登盤蕨菜定足誇夕陽一
片踏歌起社前競采西巖茶

東門關　賈思謨

晴嵐靄障聳塵寰目極山光景物間千樹
崢嶸含野翠萬峰環抱蔚新顏門留壘蹟
成今隘化洽鄆邊輯古巒駐足欣觀形勝
地楚天一色鎖高關

玉柱峯　賈思謨

石柱巍峩插碧空孤峰矗起大崖中披星
戴月曾無異櫛雨沐風自不同勳紀伏波
猶被謗名標諸葛代稱雄幾回翹首青雲
外彷彿龍門百尺桐

高羅訪太白宅　　蘇於洛

夜郎傳遺宅青山何處尋空留一片月長
照萬古心仙才繼騷雅憔悴澤畔吟投老
聲名累曠世遙沾襟

東門闕　　蘇於洛

嶢樹依微暗遠村凌空直上俯朝暾千層
石磴盤雲矗百丈流泉赴壑喧地據積高
齊北斗天開重險壯東門遙知帝座通呼
吸便欲乘風到九關

高羅曉行　蘇於洛

一彎流水遶孤村水上梅花照影昏曉雪
衝寒行十里山家猶自閉柴門

李溪　蘇於洛

疏籬茅屋兩三家石筧當頭逼水涯欲訪

春風猶未識深山雪後見梅花

過鴛鴦峽　　丁昌

兩崖夾水勢巉㠣問道佳名興趣多影㨗鵾鵬淩碧漢偶隨鳧雁下沙河高巖樹杪龍飛壁屈磴人盤蟻轉磨自是千秋長比翼貞心不改水流波

來鳳教匪未靖奉檄守硤寨　　王三錫

竹架窩篷木紫城憑高扼要勢縱橫獨憐

負戟牠鋤者盡是宣恩鄉勇兵

宣署偶題　張廷烜

熱官何事轉清閑如坐枯禪在此間別後青山應笑我出山依舊去看山

九日鎮江閣登高作　張廷烜

去年登高同到此奎閣新成歎觀止今年九日此閣成一東一西恰對峙突兀兩峯青龍邊接聯雙益碧落裏自無而有誰叔始邑中由來數二子前有宋宏堯歲歲輿

修良有以石梁險逕如履平塔刹莊嚴燀
貢水生來性有土木癖誓不破產功不已
從有唐開洋捐助亦復相濟美黄花滿酌
看君飲閣上文星亦應喜感君義舉償君
勞從此人文蟬聯起陳氏二難荀氏八龍
德星重聚高陽里

東門關　張廷烜

巍巍東門關遠望雲端峙連山盡陡絕一
徑披榛始絙引上肩輿緣壁蟻行似未至

山頂憂既至山頂喜山僧瀹茗通禪房説
前史蠻崗十八司設險實在此負固今誰
存荒烟剩遺址聞言三太息斯語富且旨
衆志貴成城土崩城斯圮寄語守土人雄
關不足恃

入施南司界　　柯煜

漸覺山平遠殊方豈憚行車徒雖簡略父
老尚逢迎樹暖經冬綠溪寒見底清君看
漢循史半是魯諸生

峝民有乞詩者賦此示之

柯　煜

踏徧西山路，更西山高。祇覺白雲低，偎無治行傳三楚，略有詩名播五溪。夜宿葦林如過雁，曉驚茅店聽鳴雞。更從二酉探奇秘，不負平生古與稽。

萬山深處

柯　煜

除却樵夫到者誰，畫師詞客幾曾窺。略無十步寬平徑，但訝千巖孔竅奇。轉側豈惟

騎馬滑峉嵬祇覺過雲遲丹青百斛殊難
狀那得形容入小詩

猴子嶺　　　　　　　　　柯煜

木冊誠哉險他山不足言莫驚猴嶺峭扶
侍有青猿

清明日山行　　　　邑貢生　田文錦

遊山當令節問景趁初晴林壑無邊緑春
流到處生遥村烟氣靜遠樹鳥聲清鄭重
韶光好呼童問酒情

留別宣邑士民古風三十韻

廣陵紀昌期

少時曾負淩雲志自恨蹉跎甘暴棄漸逵無路捷南宫老大徒傷為末吏去年承乏來施州一官匏繫寄蜉蝣　君恩祖德敢背負慎察民情仔細籌宣恩舊屬三苗地方言雜處人各異弱肉强餐奈若何善良多被奸宄鷙法網森嚴咎犯科刑苛又慮干天和案牘滿前恒戒惕惟患無辜罹

窓羅製錦無才慚執固忽來過譽成佳句
懸額公堂父母呼更覺汗顔滋惶怖正期
報稱予黎民衣代相催走風塵新官自有
鴻恩布何須臨别語葫謫愛戴深情思難
補箴規不患談迂腐從來苦口疾可療寄
語士民當聽取此方士風敦古處泄郴為
儔澹臺侶非公不至品固高尤當昔讀思
鴻舉古今將相豈家傳惟恃吾儒志意專
雲漢為章誠豹變何難絶後與空前屢課

諸生多俊乂自可空羣稱奇驥愼勿畏難
圖苟安及時當奮鯤鵬翅山中水土舊言
薄貧民男婦勤耕爨家家紡織不停聲夜
闌猶見燈光灼終年辛苦積銅錢銅錢無
多心血乾無端負氣思興訟倒篋傾囊始
泰然官呵吏駡遭荼毒滿腔冤抑徒萬目
訟卦六爻皆主凶忍耐一時當自足語無
倫次言不精匆匆話别寫眞誠士民愛我
如父母好惡何曾遂物情聊憑數語相贈

荅保身保家美不勝他年禮樂聞邑境康樂呈書秀藹登

壬子冬邑紳送匾懸堂曰鋏面冰心率拈一律荅之　中洲　趙廣恩

自問難稱百里才滐虞有負入山來科條平獲從風化桃李還須待日栽士率同鄉堪固圉兵憑舊伍妙儲材因人成事渾無治濫美躋堂愧舉杯

留別　趙廣恩

來宣計歷已三年學製才疏內歉然剪去獍鴞敲善俗培成桃李結文緣愛深勸諭殷勤布信久官民意氣聯賦別此心何忍恝一番回首一纏綿

帶兵過東門關　湖南　易佩紳

絕壁控荊蠻西征第一關風飄漢旌節雲壓蜀江山立馬千峯頂搔頭六合閒從來多地險何術靖民頑

擬慕宣恩縣志聯句

封建古巴子　蔡景星　夜郎相傳是
國初隸版圖　張金瀾　賦乃科田里仰維徵
化宣　邑貢生張光嶽　相期人文起連步雨
公來　邑廩生李盛卿　翹首萬夫侯風俗日
近醅　張金圻　靈秀時鍾美地雖屬偏隅　星
源可尋貢水洞伏雙龍奇　瀾　峯分三鳳峙
王柱矗青雲　嶽　珍山枕芳沚勝境洵堪傳
卿　前賢猶未紀一一待搜羅　圻　歷歷探原
委若非簡冊書　星　竊恐儒林鄙湮沒苦不

彰　瀾纂輯良有以潛德發幽光　嶽循吏亦
良吏落筆千載心　卿留芬百代齒收拾遍
山川　圻叅稽列姓氏無將大節踈　星有事
新編擬條縷各分陳　瀾經營重創始翰墨
鬼神司　嶽氣縣風雷使炳炳義烈昭　卿赫
赫春秋祀闡揚垂鉅典　圻矜式存遺軌舉
綱張厥目　星存真去其似濡毫賴廣文　瀾
採風集多士舊跡抒見聞　嶽芳徽徽彼此
槐柯夢憶黃　卿竹枝詞　瀾李宋黃山谷夢閒李青蓮竹

三教詞首與古願為徒圻撫今希同揆風流想像之星雲山俯仰耳太白祠荒涼瀾將軍岩碨硱東門扼雄關嶽南郊築高壘曩歲擾干戈卿惡氛近尺咫天險走窮鳥圻王師却封豕安堵話桑麻星鋤奸除棘枳同治元年五月撥戶惡王思誠正法境內始安比屋豈無燋瀾邊疆猶有芻蕘嵩樂熙熙嶽黍稷賡歲蕤政和百廢興卿民康庶事理四境動絃歌圻羣材勤礪砥庭壁有懸魚星山城若環雉

藝文　二

高閣耀奎躔 瀾 虛堂綏福履廣儲藝苑才
嶽 競騁文場拔實與預籌貲 卿 膏油助繼
晷次第煥新模 圻 培養萃文梓拔擢備菁
英 星 甄別志甘旨集思資廣益 瀾 近言饒
遠指實義有攸歸 嶽 浮華無足侈道脉寄
延綿 卿 學業益層絫譽為九仞基 圻 功毋
一簣止精光照汗青 岳 灝氣干霄紫
旌表啟忠貞 瀾 馨香壽篋笥宋威記事篇 嶽
騰貴洛陽紙鴻裁聿爍然 卿 蠹雕蔑加

載入邑之乘 圻 藏諸石字裏星

宜亭即景聯句

春

放眼宜亭景物新 星 山光水色為誰春纔黃未綠官衙柳 澗 淺白深青曲澗蘋樹底笙簧鶯舌輭 圻 花間飛舞蝶鬚勺和風試剪裁詩料 星 絣草披香碎錦茵斷續餳簫紅杏雨 澗 往來畫舫碧桃津遊人選勝携芳屐 圻 騷客酣吟落醉巾大塊文章工組

織星洪鈞造化洪盦氣濡毫寫出河陽艷

瀾收拾韶華趁令辰　圻

夏

酴醾開過暮春天　圻　琴奏南薰一曲傳蛙

鼓頻填新雨後　星　蝦簾高捲曉風前敲棋

槐院消長晝　瀾　作畫蕉窗度小年種得千

竿留客竹　圻　植來半沼戲魚蓮團團紈扇

搖明月　星　隱隱紗廚透碧煙幾點流螢光

熠燿　瀾　數行飛鷺羽聯翩招涼此地宜營

宣恩縣志　卷之九　□二　六

館圻解愠伊人待撫絃頭上片雲催好句
呈吟成快筆寫長篇 灁

秋

疊嶂層嵐到眼中 灁 無邊秋思寫幽衷傳
書征雁來天北 圻 盟水閒鷗浴浦東野圃
煙疏寒橘柚 星 荒階雨滴老梧桐砧聲擣
碎千家月 灁 木葉催殘一夜風山郎蕭森
愁旅客 圻 雲嵐淡遠瘦詩翁黃花酒熟和
香飲 星 白苧詞高協調同湖上鱸魚鄉夢

冷瀾林間鳥鳥舊巢空登臨惆悵迢迢路

圻落日遙情萬樹紅星

冬

四座風生料峭寒星圍爐詩酒建騷壇探

香梅嶺同携屐瀾𢁘秀松巖獨倚攔勁草

經枯山骨露圻堅氷已結水聲殘花飄雪

影書帷透星林飽霜容木葉乾聳到吟肩

驚起栗瀾呵來又手擬跳丸紙窓剪燭溫

清話圻罏榻横琴恰素歡野寺疎鐘敲月

泠星荒城長漏滴更闌印泥他日尋鴻爪

瀾猶記宜亭景一般　圻

宣恩八景　蔡景星

晴霽望珠山蒼蒼林表曙積翠滃人家天

風掃不去　珠山曉翠

貢水有源頭脈絡自分析光澈湧文瀾胸

懷供洗滌　貢水文瀾

崆䃘兩石洞果伏神龍否此洞有千年不

雨泉聲吼　洞伏雙龍

何處飛來峰突成三鳳峙一覽千仞巔德

巖鍾毓此　峰棲三鳳

自昔來謫仙溪猶以李傳巖巖溪畔石古

色何斑然　李溪層石

二女死亦仙冰心結蓮蘂至今池水清不

受人間滓　仙女池清

壁立萬仞山險要扼東關洞口有飛瀑高

懸碧落間　東關飛瀑

城北保民山上有呂仙寺晚來百八鐘敲

破千林翠　呂寺晚鐘

宣恩八景　張金瀾

珠山曉色趁新晴，面我軒牕分外明。靈秀獨鍾應管領，羣峰環拱不知名。珠山曉翠

半灣貢水碧盈盈，滌盡塵襟空宦情。倘把廉泉移一勺，可能依舊出山清。貢水文瀾

龍洞幽深暑亦寒，潺潺上下瀉波瀾。渭清涇濁分明判，一樣泉流兩樣看。洞伏雙龍

何年三鳳集高岡，此日登臨總渺茫。安得

筆花生夢裏飛來山谷吐文章　峰梭三鳳

天生麗質無瑕玉臂羞纏蜀絳紗池畔

至今雙塚在氷魂皎潔比蓮花　仙女池清

東闕屹立翠微巔匹練高懸碧落邊石磴

千層凌北斗乘風直欲上青天　東闕飛瀑

層石嵯峨似塔圓玲瓏疊翠鎖朝烟清溪

何幸留遺蹟鄉曲還能溯謫仙　李溪層石

保民山外久陽沉隱隱鐘聲度遠岑敲出

禪關一片月特教清夜警人心　呂寺晚鐘

宣恩八景　　張金圻

珠山面我列如屏空翠飛來撲幃幮三十
六峯環左右終朝相對佛頭青　珠山曉翠
水繞西南曲折過清流瀉出兩山阿人言
靈秀鍾於此勿謂涓涓一勺多　貢水文瀾
從來觀水總分明況此泉流判濁清濯我
纓兮濯我足翛然不使老龍驚　洞伏雙龍
豔稱三鳳集河東誰道飛來此谷中吐出
祥雲騰五色靈山不與衆山同　峯棱三鳳

積石巍巍紫幾層倒流溪水亦崚嶒倪非太白曾來此能到今時衆口稱李溪層石

只爲蓬瀛蜀錦裳芳名飄藉玉珍揚蓮花也識池清潔從此年年不斷香仙女池清

巍巍天險自天開闢扼東門洶壯哉石級高攀千九百一聲飛瀑倒流來東關飛瀑

呂仙寺外夕陽沉百八疎鐘空外音敲醒人間多少夢只憑山月證禪心呂寺晚鐘

宣恩學署槐陰醉卧　鄢　書

一枕槐陰正午亭一茶纔罷一杯停睡餘
詩味胸中在山鳥當頭喚不醒

太白祠懷古　蔡景星

公之詩才世無敵大羅天上羣仙籍如公
何意羈夜郎夜郎何公名亦揚宣恩舊屬
夜郎地今之李溪猶可誌王杜峯在溪之
東此峯昔有祠祀公我來溪邊一憑弔又
於峯頂一登眺荒祠斷碣暝寒煙天風飈
飈吹萬竅自公去此千百年年歌羅父老能

口傳記得停杯會問月今古此月自盈闕我對今月思古人古人不見祇傷神公之平生詩與酒仙可與遊人莫偶吁嗟乎我亦徒生千載後遙指山水曰某某一二遺蹟餘未有吁嗟乎陵谷變易知是否峯巒聳兮溪聲吼公之名兮終不朽

高羅道中 咸豐辛酉秋作辦團練口號 蔡景星

野鳥隨風下投林借一枝派雲淡幽壑夕照冷空池牧笛知村近征鞭覺道遥紛紛

疆場事烽燧靖何時

過東門關　蔡景星

石壁欹猶立山關叩不開大風空自溫只放鶴歸來

又過東門關　蔡景星

屹屹乎東門山巍巍乎東門山頂之雄關石磴一千五百有六級勾連擬入雲霄開自來此地扼天險一夫當關稱勇敢鬼斧神斤鑿不開萬夫聞之皆喪膽我今躡足

詣孫峰巒烟掃淨山萬重天風颼颼動空際冷日摩頂雲盪胸洞口飛瀑天半響澎湃飛落千百丈夏有積雪不可融古木虬蟠生莽蒼

小溪　蔡景星

澄澄小溪水悠悠出山谷溪淺不容舟穿巖三十曲

東門關題壁　壬戌秋九月十一日宿此　蔡景星

巨石起雄關城東第一山目窮紅日落胸

盪白雲還跡磬空林外飛泉絕壁間危樓人宿處星斗手能攀

鷺影潭在東鄉里治東七十里　蔡景星

鷺影印迴潭臨流人指顧漁郎打槳歸未許鷺飛去

萬山吟　張金瀾

宣恩地居萬山裏萬山環繞通迤邐一峯未平一峯起峯峯應接八百里第一東關氣象雄千層石磴盤晴空俯視衆山如兒

童恍疑身在蓬萊中飛泉倒掛聲奔瀑山高水低萬壑通水歸石櫝不可見十里廿里又忽見泉源起伏神龍變足底白雲飛片片我來山中遍遊迹一聲長嘯暮山碧安得陶公五畝宅縱情詩酒永朝夕穿蠟屐探幽僻慰我生平煙霞癖結詩客浮大白長歌短歌奏節拍從此萬山瘴癘闢

赴咸豐助剿道中口占

張金瀾

倉卒集鄉兵雄心壯馬纓疾馳踰草壩飛騎到咸城共奮同仇志爭聽擊鼓聲旌旗招颭處衝破暮烟橫

師次瑪瑙河 四川酉陽州所屬 張金瀾

飛騎逐狼氣秋風捲暮雲先聲寒賊膽夜走紛紛

秋日登署後宜山 張金瀾

萬里雲山到眼來荒城新霽畫圖開秋花冷澹高人瘦古木蕭森舊主栽不盡層巒

空翠合無邊落葉晚風催登臨掃淨愁千疊一試長吟一舉杯

萬山吟　張金圻

宣恩城在萬山中環城惟見山重重山重重今我了了只為此緣前身結前身結緣今了緣未得了緣芒鞋穿我嘗携酒躋山巔揮毫石上詩連篇舉頭望前山前山邀我攀回頭望後山後山引我還前山後山山且多教我一人奈山何吁嗟人生到處

皆吟爲對此東南西北山如螺安得一山
試作一長歌

李溪懷古　　　　張金圻

宣屬古夜郎夜郎名何揚或云夜郎名國
始竹王或云夜郎名縣始有唐我於壬戌
十月遊其處聞有謫仙常流所謫仙降下
來南人笑顏開夢驚歌羅寨愁鎖亂山隈
朝暮聞何物鵑啼血兮猿啼哀縱然一身
苦潦倒猶喜此間溪山好試看滿地愁惟

有筆能歸為公置一辭願公一聽之巽懦

奇才無奇遇搜得奇山奇水成奇句吟公

詩讀公文古今第一騷壇飛將軍公之遺

蹟經千年不與高陵深谷同變遷從此小

溪咫尺土姓公之姓亦千古吁嗟乎小溪

何幸亦千古

小關題壁同治二年七月髮逆犯咸邊境分防於此

張金圻

深愧不知兵心雄敢請纓漢儀崇整肅賊

騎陁縱橫日暖炷旌色泉鳴答鼓聲何嫌
關獨小衆志已成城

楊梛溪　張金圻

夾岸盡垂楊萬樹倒溪蘸陡聞短笛聲唱
出漁舟帆

和尚岩　張金圻

石梯千級露伶俜高矗雲間接渺冥岩頂
禿如僧頂禿不須修到佛頭青

溪曲　張金圻

路關雲千重溪穿水百曲一曲一清心終朝看不足

仙人橋　張金圻

仙自何時來橋自何時起流泉赴壑喧終古無停止

春曉登泰平山　郡附生石廉

尋春趁曉步山溪石逕蒼茫路轉迷日霽烟消回首望桃花隅在數峯西

訪天馬山暮歸　石廉

長堤古樹挂斜曛，回首梵宮入翠微。數里春烟炊火起，一聲漁笛釣船歸。禪林風靜山禽宿，茅店月明過客稀。此際倦遊回旅舍，主人猶自坐柴扉。

題將軍山　石　廉

昔聞將軍山，曾有將軍住。我來訪將軍，將軍何處去。

新司河秋日登山　邑附生　覃敬五

長嘯淩秋風，千山木葉紅。巖邊時遠矚，一

鶴亭晴空

文昌宫送别　邑貢生張光嶽

古寺宣城外，孤燈逆旅中。惟知憐夜永，那復計詞雄。梛色迷芳浦，濤聲入遠空。明朝揮手去，何日再吟風。

文筆山　邑貢生謝金詒

卓筆擬孤峰，雲烟留墨迹。秋風趁雁行，書破楚天碧。

題佛塘　郡增生唐武聯

何年勝地闢高岑此日登臨度竹深石磴危盤藏古寺龍潭深鎖鎮禪心堂懸清磬憑虛響樹老寒蟬自在吟流水高山參妙境歸途指點暮煙沉

雙溪寺題壁　郡貢生　姚復旦

斜陽古寺粉飄零雨後苔錢綠滿庭樹影遮門無客到鐘聲渡水有魚聽蕭條小市人原少寂寞空山佛不靈只有閒僧猶解事階前出立看冬青

春曉望金碧山　姚復旦

扶桑放曉晴，金碧看分明。嶺雪春來盡，山雲洞裏生。人家園樹影，佛殿送鐘聲。更有斜陽好，餘暉散赤城。

行軍歌　姚復旦

緩帶輕裘張使君，指揮如意生風雲。三日三夜何神速，隊伍分明前後軍。幕下健兒肯努力，金鼓齊鳴左右翼。堂堂正正出縣城，去殺獞猺花面賊。賊正飛揚來瀑泉村

墟竄匿無人烟風聲鶴唳肆燒椓虵蝎毒
人如去年碉樓寂寂賊歡喜正好尅期到
貢水有秵可割城可屠從兹盤踞萬山裏
颯颯西風吹將臺千崖萬谷生悲哀那知
使君雄且武飛將軍從天上來雷轟電掣
擁驍騎賊如飢鷹斂病翅瑪瑙湖邊班馬
聲獨讓我軍有生氣賊今倘不棄甲逃妖
血淋漓汗佩刀眼中烏菟小於鼠暫斂匣
中龍虎辟使君來時動山岳使君歸時筐

歌作馬前稽首萬人懽五百壯士都躍躍
一路旌旗趁晚涼秋風拂面秋雲黄山農
刈稲知感泣使君再造如爺孃大吏馳奏
報
天子五馬超擢當在邇不然綸巾羽扇擁旌旄
江南猶有賊如蝗

卷之二十　知宣恩縣事平湖張金瀾監纂

藝文志

文

擬奏制夷四款　　明　童昶

蠻獠多詐而少實，貧爭而好鬬，事無大小，輿詞具奏，委官行勘，兩造俱避，督責少急，則據寨固守，以後土官有券無印者，照腹內人民遞解，不與給引，有印者，非其該管部屬，立案不行，提問不出，亦立案註銷，計

必擇廉明謹勤有司一員專撫夷情以於其任務使情形允當即不得已委之武弁亦必擇清廉者始可

施衛所屬田覃二姓當宋元未分之前其勢甚盛故屢爲邊患自國朝永樂以來二氏子弟分爲十四司傳之後世親者漸疏遂爲仇敵勢分則患少蓋彼弗靖則環視他司有内顧之憂此與主父偃令諸侯王得以户邑分子弟同意真制夷長策

國朝設之關隘把截甚嚴至今尚傳蠻不出境漢不入峒之語永樂二年令守臣招撫不意漸徙內地如施南金峒等司則入施州地矣宏治間忠路忠孝又從施州都亭等里施南唐崖又侵黔江之夾口夫軼侵其地其貪未厭而守土不之問勢可畏也宜先事制之

國初土官襲職屬吏部二年改兵部七年子絶許弟婿襲永樂十五年例出十年者

亦準襲天順二年許會奏就彼處冠帶
宏治二年許年未十五者亦管事五年令
土官襲於本衛習禮三月回司理事今皆
蕩然鄭端簡公之論尤宜整頓矣

夜郎辨　明　李一鳳

夜郎非古文獻之邦何必強附以名高所
以紛紛者以太白流寓所在千古依光爭
太白非爭夜郎也今亦不辨太白之至與
未至但問施亦夜郎境地否亦不問夜郎

之是施非施但問夜郎惟播獨稱否嘗考
通鑑開夜郎註以竹王說為據而竹王事
詳華陽國志云女子立江邊見竹中流有
兒聲剖竹得男養之材武自立為王以竹
為姓死封侯立祠施州宋賜靈惠廟額此
崇寧中事也夫播去施遠甚與竹郎漫不
相及何得强施人以尸祝乎不然又豈宋
人考核不逮今人而謬為賜額乎夜郎嘗
有詩曰沐芳莫彈冠浴蘭莫振衣此蓋指

清江而咏也夫播亦有清江否貞觀十六
年置夜郎麗皐樂源三縣後并為夜郎又
并為珍為鶴為業夫珍在施歌羅寨歌羅
乃今高羅司地楊升菴丹鉛錄可証珍在
施夜郎獨在播乎不然又豈唐人考核不
逮今人而漫以命名乎城北二郎廟故老
相傳為竹王祠王訛為郎故黃石崖詩曰
清江猶績竹王居豈無所見而漫云又考
山谷詩夜郎留仙客即云施州肯回首施

與夜郎不屬何故同筆而咏耶又五溪去
播甚遠而與施近隣杜每以五溪咏施而
太白亦云過五溪到夜郎此不可証乎或
謂夜郎不知漢大在黔中郡夫秦伐楚取
黔中郡地七百里置黔郡今稱貴州黔中
施之交界為黔江縣楚之辰實及施亦稱
黔然則秦郡包舉楚蜀貴州皆夜郎所據
所以不知漢大也又豈獨一播也哉大抵
夜郎地不止播而施實竹郎之豐沛也故

謂大白過施而流寓不在施亦可謂太白
流播而稱夜郎亦可謂施非夜郎界而獨
一播稱夜郎則不可是不能無辨

來宣　　　桐山　姚棨

余辛巳釋褐後福選得宣恩蒙
恩調授靖遠靖為陝右新設邑番民雜處而風
俗頗醕治二年遷靖民走五百里詣大府
請留不得而余亦惘惘不忍去因思宣邑
亦苗疆始闢未知共民情何若也越六年

來守郢復守鄂每以不得一至宣邑爲憾

甲午春施郡儀廠叙輿奉

命誥

任兹土行部所至宣之民扶老攜幼歡然

荷鍾而來若雖相接也回憶曩者靖之民

惜余之去今者宣之民喜余之來然則宣

民之情固無異於靖民也邑之人士涵濡

聖教

三十餘年今歲始有應省試者邑宰楊紫

園年友爲舉　賓興禮觀者如堵墻而余

之來又適當其時乃思向之瀕而不果欲

來而不得者今得與其士若民勸農講學
駸駸焉共臻於治化之隆豈非幸與夫宣
揚
德意二千石之責也爰竊取詩人之意題於縣
治之廳事所願與邑賢宰勤勤勉勉共勸
治理庶幾無忝厥職云

邑侯陳公案去思碑

從來朝廷命官分職非徒寵以爵位也必
其宜上德而逹下情實無愧乎父母斯民

之任然後副乎靖共爾位之常故州縣一
官於民最親為上所倚賴最重而在新闢
之邑為尤難非才德兼優未有能勝厥任
者也宣恩舊為苗疆今
上乾隆元年改土歸流始設縣治我侯
陳公以漢軍名家遴選茲邑涖任之初邑
之人延頸而望治焉時則諸務草創僉為
公難而公乃次第而敷布之自正雜衙署
文武城隍文昌諸廟先農社稷諸壇無不

遵式鼎建以及倉厫營房關津渡口凡有
關於國制民生者皆咸與維新帑不過費
民不言勞由公之經理着善也至於邑係
初闢公則廣為招徠輕徭薄賦政簡刑清
人歌樂土且以公餘導民講禮讓崇文教
在城四鄉漸有讀書聲此誠

國家之風氣有開必先而我公之飲食教誨
無忽不服者也歲之癸亥公以年例錦旋
邑父老謀所以留公不得因思古者甘棠

遺愛雖以巡行所及一憇一茇且戒勿剪拜而載之詩歌以志不忘況僻陋編氓初睹

聖化其沐浴我公之膏澤者固六年以來於茲也哉我公之治績班班可考前無所承後足為法所謂才德兼優無愧父母斯民而克副靖共爾位之常者公真其人矣用勒諸天傳傳久遠云

東門關觀音閣茶亭碑記

郡庠生鄧墉

邑東六十里許有東門關相傳土司時分疆別界故設是關以資保障自改土歸流一視同仁由施郡以達楚南爲往來通衢而此關不煩鎖鑰者歷有年所矣關踞山頂千峯疊峙聳翠出霄其下則萬壑競流迴環映帶亦名勝區也舊有茶亭日久傾圮邑侯唐公捐資重建命胡漢卿董其事一時文武官僚以及兵民商賈俱忻喜樂

助不日觀成後俾觀音像前為施茶亭俾往來行人得以憩息而瞻仰焉夫神之慈航普渡有感必應而

聖天子無忘賓旅則無遠弗届惟我侯因勢而利導之關亭雖小亦足以覘平政之一節且所以廣柔遠之大端也埔時館宣城義學登臨極目蕭然意爽用紀片言以志不朽云

東門闕賦 以登高覽勝萬一皆空為韻

朗江　黃龍榜

楚北勝地施南古郡内有雄關名曰東門或傳土司以分疆界第瞻其來龍回遠去脉倭遲亜山可蔆居然天作惟門斯闢倏爾道通因援筆而賦曰惟宇宙之茫茫兮渺荒裔之秖承慶僻壤之歸化兮睹關勢之峻嶒作合巴之保障兮擅東門之美稱爲往來之通衢兮乃杖策而時登維兹關也英雄之割據巴杳龍虎之風雲正遭無

頫鎻鑰自列旌旄背負層巒近九天之日
月面懸瀑布飛四海之波濤不與蜀道而
爭險奚事臨深以為高則見夫林箐邃密
巖谷冥晻野夫迷徑聆鹿哨兮樂羣遊子
思歸聞猿啼兮興感時而霞蒸嶺頭時而
雲出岫坎寺中之鼓鐘微鳴林內之僧鳥
共澹屏塵囂於弗顧快幽襟而一覽若夫
花宮寫韻掠乳燕兮來巢頑石叩禪偕蒼
龍兮出聽潦水淨而潭清玉屑霏而光凝

正恐王維濡筆而畫之難成杜甫揮毫而題且莫罄緬終南之絶境有如此之芳勝羌乃周天匝地淩空結撰螺堆髻擁四顧彌蔓野芳緑蕣而爭茂佳木葱蘢而添縈瞻仰慈筏衆邀普濟之仁憩息驛亭人滿斟酌之愿小世界之大千直吞喞兮幾萬此則有開必先闢易塞之谿徑無遠弗屆叩難越之郊關思伏波之南征兮銅柱標績溯卧龍之西伐兮壘石列班化未洽於

帝則音猶雜於羣蠻曾日月之幾何而今
山已非昔山爾其風飄崇岫嵐溢崎階控
天門而攀躋引來鳳而雖喈挾仲宣驚人
之句傾北海不盡之懷則捫芳蘿而騰踏
者有若斯風雅之孔皆由是景麗四時兮
與人同心豁萬彙兮感而通為之作歌曰
門之闕兮高且雄闕之門兮正且中一片
紫氣兮來自東層層雲樹兮裊蒼穹疊疊
翠黛兮洗翳空

李太白流夜郎說　蘇於洛

夜郎之名始於漢國也非郡也夜郎之郡置於唐郡也非國也名同而實異如黑白涇渭之分明而說者紛紛聚訟皆未嘗博考而詳辨之也按史記西南君長夜郎最大始楚威王時使將軍莊蹻將兵循江上畧巴蜀黔中以西莊蹻者故楚莊王苗裔也蹻至滇池地方三百里旁平地肥饒數千里以兵威定屬楚欲歸報會秦擊楚奪

巴黔中郡道塞不通因遂以其衆王滇秦
滅及漢興皆棄此國而開蜀故徼建元六
年番陽令唐蒙始請通夜郎道乃拜蒙為
中郎將將千人從巴蜀筰關入遂見夜郎
侯約為置吏使其子為令夜郎侯始恃南
越南越已滅夜郎侯遂入朝上以為夜郎
王此漢之夜郎也考其地臨牂牁江自巴
蜀黔中以西至滇地方數千里豈獨播州
遵義哉今指播州與遵義為夜郎而以施

南非所屬疑之誤矣又按唐書施州隸江南道領清江建始二縣尋廢業州入施州即今施南府恩施縣又置珍州貞觀十六年置夜郎麗皐樂源二縣後爲夜郎郡此唐之夜郎也考其地則今宣恩高羅里地有珍山故名珍州後置夜郎郡宋初復稱珍州刺史田景遷内附乾德中賜名高州元明爲高羅土司楊升庵丹鉛録載夜郎在歌羅即高羅也今距縣治東南一百二

十里太白詩註引証確鑿不惟與漢之夜郎無涉並與施州亦無涉也而一統志載施州衛北碧波峯有太白問月亭者蓋亦有說公嘗自叙泛洞庭上三峽至巫山過五溪到夜郎矣此地為夜郎必經之路振衣千仞把酒問月非謫仙高致何克有此今讀集中流夜郎聞酺不預詩云北闕聖人歌太康南冠君子竄遐荒又放後遇恩不霑詩云獨棄長沙國三年未許回則公

至夜郎明矣說者謂公未至夜郎以集中
有流夜郎半道承恩放還爲証今考年譜
公以永王璘事當誅繫潯陽獄郭子儀請
解官以贖有詔長流夜郎宣慰大使崔渙
御史中丞宋若思爲之推覆清雪若思率
兵赴河南釋其囚使參謀軍事並上書薦
白才可用不報時肅宗至德二載半道放
還正在此時詩義甚明至乾元元年終以
太王璘事長流夜郎二年遇赦得釋故於

中道放還詩後又有至西塞題葵葉諸作讀其詩考其傳則公始末至而終至更無疑義矣論者紛紛聚訟皆由以唐之夜郎郡誤為漢之夜郎國知至德二載之半道放還未嘗考乾元二年之遇赦得釋宜其格格不合也予新修宣恩縣志見前人考辨皆游移其詞竊歎考古論世未可輕心因詳述其始末以俟知言者

夜郎考　　湯陰　蘇於洛

自古賢哲生有其地遊有其方非人以地重而地以人傳也故巴陵謫守岳樓因以重修大使龍場瘵旅由是特著他若朝陽刺史一誠遠格乎鱷魚黄州判官二賦争傳於千古此皆其人其地遊歷無訛或見諸載籍或得之咏題或問留古跡之可尋則無庸考矣至若問其地若非求其名則是而求人之至與未至又在疑似之間則不可以無考宣古苗疆地元明以來畏為

十八洞土酋所踞考宋時紀載西高州再考唐制先名鶴州舞州珍州貞觀十六年置夜郎麗皐東源三縣後併為夜郎縣嗚呼夜郎唐青蓮先生謫居處也縣以此名白其真至是耶抑未至是耶竊思白唐人也縣以唐名也以為真至是也其地無舊跡之可尋以為未至是也此名又傳之數千載以為此名非此地當不其然以為白之罪於非此夜郎更不其然也嘗考古人

命名多據目前境地如因太山而分山東山西因江水而號江南江西以洞庭而別湖南湖北其他如以潮名州以驛名縣在在指不勝數要皆因地製名名據其實彰彰可信即夜郎亦舊名珍州州因珍山賜名也以是考之其義更無惑易向使此地非夜郎斷不以夜郎名縣縣以此名則必爲白所謫居可知不然普天之下山重水復巒岡藪雜之區所在豈少而必沉太白

於夜郎也哉即曰夜郎地大而此應屬權
與所在也且考郡志施州古有問月臺臺
上太白亭夫問月詩太白所作也臺因詩
而名也亭因臺而建也亭在施臺在施詩
在施即白亦在施也夜郎於施百餘里在
施即在夜郎則白之謫居即此明矣即太
白自叙亦云過五溪到夜郎五溪今辰永
也去夜郎不遠施州在北五溪在南而夜
郎居其中則此為白所謫處又明且鶴州

與珍州俱在歌羅寨歌羅今高羅司地此此
外菴先生丹鉛錄所紀也夜郎即鶴與珍
所改置夫以外菴才學之淹雅豈有考證
不實而啟後人以狐疑也哉則白所謫居
之夜郎即此蓋明矣或曰夜郎屬播州李
白罪覊在彼不在此吾為語之曰昔秦伐
楚取黔中地七百里置黔郡播亦屬黔中
夜郎或隸楚或隸夔亦或隸黔夫以太白
之抗節唐朝清平三調絶唱一時酒仙詩

聖名垂千古其於永王璘之事迫脅不從棹金明節即庸夫孺子無不慕之焉知非播之人歆羨其為人爭相附會欲援引以為彼地重哉由是思之播之人爭夜郎非爭夜郎也爭青蓮耳爭青蓮不得不爭夜郎耳則白之謫居實此無疑矣因援筆而為之考

太白祠序　　蘇於洛

邑高羅墻夜郎郡太白常流處也北有李

溪相傳遺趾在焉然亦未可深考余嘗驅
車往來東門闗琳瑯觸目美不勝收因枉
道尋青蓮故處其騷人墨客不可臆指第
附近之青山碧水茂林修竹掩映於疎籬
茅屋間宛然别有一天地也輙低徊留之
不能去欲為堂以祀之顧時方有事文廟
土木之工不可重勞吾民遂有志焉而未
之逮也有田生者故土司裔風務風騷雅
意嗜古聞予將有是舉遂踵庭而請曰其

地王柱峯舊名轎頂山叢岩峭壁一峯特聳橫亘歌羅寨中洵拱秀一奇峯也境内士民屢欲築室其上而未有以名之請以祠太白可乎余深嘉其意即命生糾工創造額以謫仙芳躅俟落成迎神主而祠焉嗟乎太白之從永王璘非從祿山比也況出於事勢之倉皇心迹炳烺故少陵於太白反復嗟嘆一篇之中三致意焉然錦里浣花名昭千古夜郎遺跡軒星在目雖世

遠年湮不克親覩絕世之風流而唐室詩人李杜並稱斯以知潛德幽光彌永其俎豆馨香之報曠代如新何拘拘尋章摘句分傳不傳也余令宣邑簿書錢穀亦極勞心固不獲擩經書奥義日宣士子而於音律範騷圖抵前賢側於公餘之暇課以文藝兼之詩律喜邑人士之樂從余遊而知所趨也於是諭遠近承學者每年各務於仲春仲秋之望日敬修祀事獻花奠酒不

用牲芻從公所好也僉曰諾遂蕆其行藏
紀其歲月而為之記時
乾隆癸丑歲八月既望知宣恩縣事蘇於
洛撰於署後之天香書屋

寨峰記　　郡貢生田文錦

環吾鄉皆山也而望之巍然秀削屹立於
二妙廬之前者寨峰也每春夏時浮嵐聳
翠花木交加秋冬之際林疏石瘦霜雪清
華蒼蒼莽莽之氣皆可於几席間挹之吾

兄繡林常欲偕余一躋其巔不果余老友任丈過訪指而異之亦約與余兄弟携酒一登而卒不果既而吾兄下世余亦寂寂無偶遊興不免索然也然究未嘗一日忘於懷嘗有晚坐詩云峰高先得月蓋指寨峰也而乃銅柱擎天翠屏在目竟不獲一陟峰頂以覽名勝者蓋已四十年於茲矣夫余豈局促轅下塊然枯槁之人哉憶少時意氣甚盛嘗欲登太華之巔探會稽之

穴遊龍門而浮碣石上崑崙而至崆峒行將雲窟問士石竇訪儒於以歌風醉月推拓胸襟此其所期望者大而遠也然天下事圖於大必畧於微志於遠反忽於近自余束髮讀書以來寨峰日在耳目之間以為可狎而有之也而何平生之屐齒莫至坐使朝烟暮靄石泉山月空呈色相於巖阿也是其負吾寨峰也實甚而猥欲徧歷乎名山大川極天下之大觀而無憾亦何

異一揩蔽目泰華在前而莫之見哉余故記之以爲切問近思之鑒

賓興序　　山陰陳文焰

楚北設府十而施郡最遠施南屬縣六而宣邑最貧以故改土歸流百餘年士無舉於鄉者豈無績學之士歟抑無種德之人歟良由跋涉艱難資斧無出觀光者每等於空谷之足音此士氣之所以不伸而文風之所以不振也戊午秋余來蒞茲土謁

知前令彭槐閣學博鄭湘帆曾有賔興之
議而醵金不多復屢被侵蝕心竊憾之夫
人將欲謀一事習一業或適一二百里路
猶必預計行囊而後就道以蕆厥成功何
況就試於二千里外以與萬餘人鏖戰棘
闈乎毋論其畏縮不前也即或決於一往
於山則有支井天門朗坪之險峻於水則
有洩灘新灘十二碚之剽疾以及荆沔江
漢之鉅流甚至假道常澧揚帆洞庭而滿

腹精神道里之奔馳耗其一波濤之震蕩
耗其一舟車旅食之殷憂又耗其一此即
有驚神泣鬼之才振劍斫地之氣而牀頭
金盡壯士無心尚安有文章之可以動有
司哉興言及此余又甚憫之已未春始釐
其事察其弊以其剥削之餘合龍洞鳳山
兩處得數百千分飭生息永以為春秋赴
闈之費吾願邑人士由是績學由是種德
行見扶搖而上者九萬里幸毋再以遠且

貧為辭也是則余之厚望也夫

考棚記　陳文焰

士有學農有畔工有肆考校有考棚各其業也亦各其所也自選舉廢而科目與士之懷瑾握瑜顯名於世者莫不藉考校以見其才故人才至今日雖孔孟復生無以易制科而別出一途也則考棚之設由來舊矣我

國家以文治澤海內二百餘年風氣蒸蒸日

上凡直省郡縣士皆爭自濯磨宣邑涵濡
聖化沐浴教澤亦已久矣而考棚依然闕如何也豈吏困於簿書士窮於衣食而真無暇及此歟抑因陋就簡而未嘗鼓舞以作興之耳余宰宣之二年奉檄進諸童而試之見其傴僂提携自負几桌就試於縣堂東西兩廊簷下用其心思無勞其筋力謀其棲息更運其靈明而且風雨之飄搖晦明之變幻未獲神閒意定何以抽祕騁妍不

禁帳然者久之試竣後上民興建考棚之
議予謂曰可夫考棚為薈萃賢才之區以
之興賢則賢出以之掄才則才生數十年
因陋就簡委靡隨俗而不一思創建者不
可謂非陋也今幸時和年豐倡捐勸助不
三旬而經費已集遂購宋氏舊址鳩工庀
材自頭門而儀門而東西文場進而至於
大堂二堂規模周備煥然一新是役也創
始於九年之秋落成於十年之夏凡經營

工作余以簿書之暇總其成更擇廉謹之士分任其細而胥吏不與焉繼自今振興之責余不敢辭矣而士之懷瑾握瑜以就試於考棚者雖非廣厦千間而各安筆札亦可歡顏以盡所長行見爭自濯磨以仰副

聖天子作人之雅化是則余之學望也夫

龍洞書院記　　蘄州　蔡景星

宣之書院以龍洞名者何也環宣皆山也

其西南隅峯巒並峙有泉瀉出於兩峯之間者龍洞泉也洞有二石齒參差泉流洶湧或曰神龍居之故名其洞違邑城五里許水繞邑城而東注故邑之書院亦因以名馬夫龍之變化無方也明矣而書院之造就人材也又豈有量哉我

朝書院之建所在皆然典至鉅也然或積久弊生往往虛存其名不克實副教育之心者固不少矣余於咸豐辛酉秋七月來任

宣邑學署時歎宣之書院荒蕪亟思有以振之前令陳君星南起而重修惜功猶未竣以乞養去任及同治元年壬戌之冬各司憲承宣

聖德令府州縣振興書院以為培植人材根本地法良意美能勿體歟是時宣邑令張君茗泉延訪若渴其弟蘭修亦樂於贊助與余商籌之始屬邑之人士酌量捐貲以助士子膏火之需越明年事既有成課程亦

起諸生皆欣然樂就焉雖然創始維艱而善後者尤不易也宣之有龍洞書院也非一日矣然而有名鮮實士風之不振其所由來者漸也今者膏火有資獎勵有法課程既定鼓舞宜深慎勿久而玩忽也爰聚諸生而訓之曰宣邑之地向屬巴子國當

國初時土司分據禁寨滋多迨自改土歸流以來百有餘年矣苗疆風氣漸即銷除雖人文尚未臻盛而質美可造之材亦所多

有苟絃歌之聲不輟即山川之秀自鍾有必然者矣爾諸生其思之士有倫常而後有經濟孝友睦婣任恤爲六行周禮言之矣大本大源之地必思有以立之士先器識而後文藝首德行而次才華董子云正其誼不謀其利明其道不計其功端方之品必思有以敦之尚書之贊曰滿招損謙受益丹書之戒曰敬勝怠者吉怠勝敬者滅矜夸懈惰之情必思有以化之義路也

禮門也舍是焉而弗由弗之出入舉足
皆危地也昔夫子詔子夏曰女為君子儒
無為小人儒邪正之途必思有以辨之其
為學也惟在躬行心得勿致純盜虛聲其
為文章也根柢經史出入風雅無為浮誕
詭異之詞而後學為有本之學文為有用
之文晝有為宵有得瞬有存息有養操存
省察之功誠非朝夕之故也披吟之下必
思有以勵之由是沉潛剛克高明柔克過

者俯而就之不及者仰而企之觀摩有自變化無窮吾知學校有實脩庠序有真品處爲純儒亦出爲良吏也斯時範水模山趨鯉庭而詩禮共習他日書升論秀登龍門而聲價倍增於龍洞書院更有光矣余爲益有厚望焉諸生其各體斯意也夫是爲記之

得閒齋記

蘄州　蔡景星

咸豐十有一年歲在辛酉余自蘄州來任

宣恩縣學事至之日實立秋前一日也宣之學署荒蕪廬舍牆垣圮毀過半矣邑之人士始鳩工而補葺之雖無美輪美奐之觀而規模氣象固已煥然一新焉越明年壬戌廼同治元年也復於廊廡東偏作小齋以為燕居休息之所置琴牀書榻各一茶壺酒榼筆格詩筒胥於是乎貯焉前築園可半畝計園有小亭亭前鑿池引水植以荷芰養錦鱗數十尾其餘隙地數弓種

蕉栽竹樹桃李培蕙蘭每晨夕間步苔階盉石磴第見敷青縈緑櫂秀含英生趣盎然焉俯視池内游鱗戲唼花影於斯時也閒閒自得饒有會心又慨然作濠濮間想也遂顔其齋爲得閒云獨是人之一身亦安所得閒哉伊維古人蚤作夜思朝乾夕惕猶恐業弗精於勤而行或毁於隨也敢曰身處於閒乎是故以之爲君宵旰弗遑萬幾疋以無曠也以之爲臣夙夜匪懈

庶績迺以咸熙也以之為士手不停披口
不絶吟畫有為宵有得三餘所以能足也
而且匡壁面於五夜董帷下以三年祖鞭
之著勤何如也陶甓之運勞孰甚焉人之
一身亦安所得閒哉雖然宴安酖毒之
媒而息游又藏修之助也吾觀紛更起而
叢脞憂叢從積而憧擾甚作偽着心勞日
拙作德者心逸日休則知履而泰然後安
其寬閒而綽有餘裕着夫豈無所得於心

而惟是偷閒以自娱也哉其所由來者漸也易曰履道坦坦幽人貞吉詩曰伴奂爾游矣優游爾休矣閒閒若此其官止神行而游於化者乎余則何敢望焉然而余竊撫躬自維矣以余官遊之身匏繫於斯官則閒而冷也枕山面水之間地則閒而僻處也講學論文以外時則閒而有餘也俯仰何寛寄閒身於一琴一鶴也嘯歌自得賦閒居於一詠一觴也數歲月則閒中過

容也問風月則閒中主人也宜彈琴則琴調閒雅也宜詠詩則詩情閒適也宜杖履則杖履容與而安閒也園林成趣魚鳥忘情則息心而得閒意亦游目而得閒觀也昔朱慶餘之詩有云得閒多事外余蓋於茲有取焉故記之

半亭記　　　　蔡景星

壬戌秋余於宣之學署東偏半畝園内建有亭焉未之顔額越癸亥夏六月浙之張

君蘭修名以半亭余有以嘆其命名之義至深遠也夫天下事欲求其全而反不能得其半只求其半而或至能得其全者比比然也況欲求其全而但償以半心必歉然只求其半而不獲其全心自無不慊然是故酒當飲以半醉醉極則亂矣花當賞其半開開盛則殘矣雖為學之道功患靡於半塗知恐隣於半解得半自足固所不取而獨至遊覽之地正未可以過求也斯

亭也山枕半角地劃半弓築半畝園引半
池水坐半榻清風捲半簾明月苔痕則綠
上半階也樹影則蒼搖半壁也亭前為園
半栽竹半種花半留隙地環亭者有半灣
碧水面亭者有半桁青山坐亭中半詩半
酒半城市而半林泉或畫半幅雲山或梔
半窗晴爽一觴一詠賡得半日閒也亭之
以半名也誰曰不宜而且宜山之上既有
宜亭半畝之園則有半亭此又命名者之

因類而及也是爲記之

龍洞書院記

平湖張金瀾

書院者何所以儲人材興人文也宣之書院以龍洞名者何蓋古之名書院也都以勝地試言其最著者杭之勝有紫陽以紫陽名蜀之勝有眉山以眉山名泉之勝有鹿洞以鹿洞名宣之勝莫如龍洞故以龍洞名而龍洞之號勝地者何治之南有水曰貢水其流來自西南其源出自西北則

嘗循流以窮源行數里而至偏巖又折而
北數里而龍洞出焉洞有二故曰雙龍洞
清濁分流濤聲互答雲巒烟樹鬱然蒼秀
謂之勝地誰曰不宜獨是書院非建自今
日而待記於余者何粵稽宣之地舊屬巴
國其後分隸不常歷宋元明為土司所分
據逮我
國朝乾隆元年始隸版圖以故民風樸野以
文通來涵濡

聖教
百有餘年矣文氣漸烝烝日上前任陳君
星南庀材鳩工建於治之西南隅中為考
棚東為賓興館西為書院工未竣以乞養
去任余欲繼之以善其後訪諸蔡君半如
廣文蔡君蘄陽之宿儒文奇而行成者也
以余言為不謬且慫恿之適奉文勸辦乃
集邑之人士酌量捐貲以助賓興膏火之
需即工之未竣者亦竣矣閱一年事將有
成規模粗備蔡君乃作記以訓多士焉蔡

君業已記之余可以不記此何以記蔡君之言曰創始維艱善後不易誠哉是言也誠哉是言也夫宣揚德意有司之責也余恐久而生怠因急為之記且俾後之宰於此者得斯文而覽之有以識蔡君之深心也夫

宜亭記

張金瀾

予於壬戌孟夏奉檄宰宣宣居萬山之中環署皆山若石城然署多隙地枕小山山

無所名予曰宜名宜山以位置宜也簿書之暇常躋其巔面我者曰明珠山三十六峯環立左右其北曰保民山煙巒四台蒼翠欲滴洵屬奇觀惜無小憩之所爰商之同志僉曰是地宜亭前擬修建適有邊警未得其宜迺來風鶴不驚民皆安堵蔡君學博謂予曰築亭之舉時哉勿可失宜早為之所以供遊覽予韙其言乃命庀材鳩工不日成之予以地之宜時之宜遂名之

曰宜亭春宜觀耕千疇一碧夏宜柗涼涼風四起秋宜玩月月朗千山冬宜賞雪瓊花萬樹收四時之佳景壯斯亭之大觀亦足樂焉登斯亭者又在在皆宜也宜詩宜酒宜書宜畫宜鼓琴宜敲棋宜遠覽宜近矚以亭之宜無一不宜

雙龍洞記　　平湖張金圻

宣之邑以山作城若大環然獨缺其西南一面中有水道繞邑城而東焉溯流而上

至偏巖又折而北數里有源曰雙龍洞壬戌冬余來凡官舍嘗從二客遊於其地探其奇覽其勝且窮其源源有二一上一下上濁下清余顧客曰何為其然也其一曰兩洞之間神龍伏焉為清為濁有如分水之犀是說也余甚疑之夫龍也出沒無定時潛伏無定所豈必常為此異也哉一曰石齒嶙峋若龍身之鱗濤聲澎湃若龍噴之水氤氳繚繞若龍興之霧然是說也余

仍疑之石之齒濤之聲氤氳之起隨在皆是茲獨以龍名何歟余乃仰而思俯而視徐而察之其在上之源山根皆石穴鏬循途屈曲而合於一也余喜而笑曰客識之乎洞之源二而一也循途屈曲而下其濁也亦宜夫水不在深有龍則靈水之有龍何足怪者奚為出此穿鑿之説乎既與客言遂記之

四半記　張金圻

半閒齋者蔡廣文先生所額得閒齋也既名得閒更名半閒何居讀先生之記盖有取得閒多事外之義析知先生之性之閒而又知先生之行之不苟於閒故更之以半閒焉齋之外有園僅半畝名曰半畝園園之中鑿一池築一亭無以爲閒名於圻圻狀其池池半規狀其亭亭半矩圻曰是皆可以半名之夫名固有以類及矣半閒齋外有半畝園半畝園中有半池有半亭

以類及之不為不可況乎培植其地者半桃半李徜徉其間肴半詩半酒短其垣得半山風月濡其筆題半壁文章皆四半之助馬圻嘗與先生周旋未得先生之半命名之意又在此不在彼先生字半漁號半如先生足以傳斯地也以先生名亦宜既與先生言退為之記

石虎記

郡貢生　姚復旦

天以真精生萬物各有真本領各有真色

相未有可以怪妄而僞為者彼以僞為人
以眞報世間人作世世間事無不類然何况
於物吾鄉有石馬踞懸崖峭壁間其狀停
猙頗類虎鈎爪鋸牙其色黑考爾雅云䝙
黑虎其形狀當如䝙特類虎耳故老傳其
某年間嚙里人豚幾絶其類居無何復入
檜里人不敢近旁晚之知其所去向詰[redacted]
迹之固赫然虎也諦視則頑然石也其石
竅間血猶涔涔滴里人怖而歸告其隣隣

人曰石而虎虎仍石也嘗共圖之為吾里除其害乃約里中人請石工持斧鑿鑿其目斷其足劈其頭洞其腹則固頑然石也實非赫然虎也而虎之害於是乎不作矣余嘗過其地見其全身臥土中而目則瞽焉噫可哀也哉世之人有類是者吾見儔類中冥頑不靈而無才無德無智無能塊然僅具其形質者則石也乃無何而機械生混沌鑿假講張而以為智巧矣假鬼蜮

而以為才幹矣假勢利而以為縱橫矣甚至狡獪不已變為忮害忮害不已變為博噬叵測其心眦睚其目其視眈眈其欲逐逐則石而虎矣當是時人之罹其害者竊竊然伺之又竊竊然懼之寢食俱廢謀所以去乃遲之又久而知其技之止此也而其謀乃成而其禍遂不可解機關一露氣餒盡消奮袖而前且唾且詈俄而主之者至矣俄而助之者至矣俄而觀之以為快

者至矣史册中奸險之夫往往類是當其發覆時鬼神早其魄卒無有一人得脫於斧鑿者則石而虎虎而瞽瞽而且腐矣斯時之本領何如耶斯時之色相何如耶以僞爲之以眞報之本來面目不可復掩而又摧殘之損毀之則虎而仍石而石亦非復前日之石也茲之伏俯於巉崖峭壁間者不且彰彰如是哉噫其眞可哀也哉吾故記之以警天下之石而虎虎而仍石者

是石也距吾君二里許至今猶呼爲貓兒
岩